Ein Geschenk

von

für

Bestell-Nr. 5139
© 2015 by
Reinhard Kawohl 46485 Wesel
Verlag für Jugend und Gemeinde

Titelbild: Getty Images / Alexander Raths
Innenbilder: D. & W. Schulte - privat (10, 64, 78, 79, 94)
Alle anderen Innenbilder von Getty Images:
Dimamorgan 12 (2), Wavebreakmedia Ltd (6, 58), AndreyPopov (9), Sergiy
Bykhunenko (12, 57, 82), Ilona Nagy-Bagoly (14), Roman Gorielov (17, 52),
Prapann (19), Javarman3 (19, 25, 60), Thinkstock (21, 49), Hlib Shabashnyi
(23), Goce Risteski (24), Kamil Macniak (25, 60), Tomas Petura (27),
M-imagephotography (29), Roberthyrons (31), Ljupco (33), Monkeybusi-
ness (34, 54, 67), George Doyle & Ciaran Griffin (37, 70), Elzbieta Sekowska
(40), SLP_London (43), Elena Schweitzer (44), ATIC12 (61), Taylor Hinton
(73), Serhiy Kobyakov (77), Ssstep (87), Pavel Siamionau (89), Alexander
Raths (90)

Zusammenstellung und Gestaltung: RKW
Druck und Bindung:
Drukarnia Dimograf, Bielsko-Biala, Polen

ISBN: 978-3-86338-139-4   www.kawohl.de

Doris & Wilfried Schulte

Fit für die Enkel

Gute Gedanken
für das Miteinander
von Großeltern,
Eltern und
Kindern

kawohl

Inhaltsverzeichnis

Vorwort

Es ist schon erstaunlich: Wir haben unsere Kinder großgezogen und erleben jetzt, wie unsere Kinder ihre Kinder großziehen! Das Leben geht immer weiter – ein wahres Wunder. Ein Wunder, das so viel Freude mit sich bringt. Aber Großeltern zu sein, ist nicht nur wunderschön und lohnend, sondern auch eine Herausforderung. Großeltern zu sein kann manchmal Meinungsverschiedenheiten und eine ganz neue Flut von neuen Regeln und Vorschriften hervorrufen. Das macht das Leben nicht unbedingt einfacher. Wichtig ist, dass wir uns frühzeitig fragen: Wie bin ich als Oma, als Opa? Was für eine Oma oder was für ein Opa möchte ich sein? Was will ich meinen Enkeln weitergeben? Will ich ihnen meine Lebenserfahrungen vermitteln und mit ihnen regelmäßig Urlaubstage verbringen? Was erwarte ich von der Beziehung zu meinen Enkeln? Die heutige Großeltern-Generation ist reich an Lebenserfahrung und Hingabe. Sie ist mobiler, technisch gut aufgestellt und angepasst. Sie hat viel zu geben.

Das Großelternsein hat aber nicht nur mit unserer Beziehung zu den Enkeln zu tun, sondern beinhaltet gleichzeitig, dass wir die Eltern derer achten, die

Ganz ehrlich

Es ist schön, wenn die Enkel kommen, aber auch schön, wenn sie wieder nach Hause gehen!

wir über alles lieben. Egal wie begeistert wir von unseren Enkeln sind, alle anderen Menschen und Aufgaben, die Gott uns anvertraut hat und die unser Leben so reich machen, verdienen unsere Liebe und Aufmerksamkeit ebenfalls. Dabei ist hilfreich, wenn wir uns immer wieder fragen: Wo kann ich mich noch verändern? Wo kann ich mich noch verbessern? Wir hoffen mit diesem Buch einen Mut machenden Blick auf das „Großelternsein" zu werfen, der Ihnen hilft, Antworten auf die Fragen über das Was, Wer, Wo, Wann, Warum und Wie in Bezug auf die Rolle der Großeltern zu finden.

Bei all diesen Fragen und Antworten vergessen Sie nicht, es ist so schön, dass Ihre Enkel Sie haben und es ist so schön, dass Sie Menschen in Ihrem Leben haben, die Ihnen so viel Freude bereiten.

Ihre
Wilfried und Doris Schulte

Großeltern — Zum Verwöhnen berufen!

„Herr, deine Güte
reicht bis an den Himmel
und deine Treue so weit die Wolken ziehen!
Deine Gerechtigkeit ragt hoch
wie die ewigen Berge, deine Urteile
gründen tief wie das Meer.
Du, Herr, hilfst Menschen und Tieren.
Deine Liebe ist unvergleichlich.
Du bist unser Gott, du breitest deine Flügel
über uns und gibst uns Schutz.
Du sättigst uns aus dem Reichtum deines Haues,
deine Güte erquickt uns wie frisches Wasser.
Du selbst bist die Quelle, die uns Leben schenkt.
Deine Liebe ist die Sonne, von der wir leben!"
Psalm 36,6-10

Fünf Minuten Autofahrt von uns entfernt ist ein kleines Einkaufszentrum und sieben Minuten entfernt ist ein noch größeres. Ehe wir Großeltern wurden, sind wir immer mit einer Einkaufsliste direkt in den nächsten Supermarkt gefahren, haben das Nötigste gekauft und sind dann postwendend wieder ins Auto gestiegen und nach Hause gefahren.

Jetzt, wo wir Großeltern sind, ertappen wir uns immer öfter dabei, dass wir plötzlich fasziniert in einem Spielzeugladen stehen und Kinderbücher durchblättern. Oder wir schauen mal gerade kurz bei Ernstings Family rein, um zu sehen, ob es vielleicht günstige Kinderkleider im Angebot gibt. Und tatsächlich: Es gibt fast immer genau die Sachen, die unseren Enkeln gefallen würden.

Sofort denken wir an die Mädels, die auf „Hello Kitty" stehen und Linus, der „Cars" über alles liebt. Dabei haben wir ihnen noch gerade letzte Woche hübsche Sachen aus

Österreich mitgebracht. Die waren so gut angekommen, dass unsere Enkel diese gleich am nächsten Morgen zum Kindergarten angezogen haben. Offensichtlich haben wir ihren Geschmack getroffen. Das macht Freude!

Aber während wir im Geschäft die hübschen Sachen durchforstet haben, bewegte uns die Frage, ob die Enkel wirklich etwas Neues zum Anziehen brauchen? Immerhin werden sie ja gut von ihren Eltern versorgt. Wir müssen uns doch keine Gedanken um ihre Garderobe machen! Nicht so, wie wir es früher mit unseren Söhnen gemacht haben. Wir sind doch nicht für den Kleiderschrank unserer Enkel verantwortlich. Plötzlich dämmerte es: Wir können unsere

Verschimmelt

Die Familie spricht darüber, dass Opa Wilfried vergessen hat, der Enkelin etwas mitzugeben. Darauf die Enkelin: „Mama, ich glaube der Opa ist schon ein bisschen verschimmelt. Der denkt gar nicht mehr an alles …!"

Enkel einfach genießen und dann wieder nach Hause schicken! Das ist doch ein super Abkommen!

Im Vergleich dazu ist das Elternsein eine größere Herausforderung. Unsere Kinder kümmern sich um eine Menge: die Pflege, das Essen, die Führung, die Erziehung, die Kleider, die Schulaufgaben, die Gesundheit und den Schutz ihrer Kinder. Natürlich beschenken sie ihre Kinder immer wieder mit einem Besuch auf dem Spielplatz, im Zoo, im Zirkus oder der Eisdiele – auch ganz spontan. Aber solche Augenblicke brauchen Zeit und so viel Zeit bleibt vielen Eltern nicht regelmäßig in dem Maße, wie sie es sich wünschen. Besonders da, wo beide Eltern berufstätig sind oder ein Elternteil alleinerziehend ist. Wie wohltuend, wenn es Omas und Opas gibt, die ihre Kinder und Enkel mit Liebe und Zeit verwöhnen.

Oft vergleichen wir Gottes Liebe und Fürsorge zu uns Menschen mit der Liebe und Fürsorge eines Vaters oder einer Mutter zu ihren Kindern. Wir beschreiben Gott als Versorger, Beschützer und Erzieher. Aber auch als derjenige, der unsere Bedürfnisse stillt und uns liebend gerne hin und wieder großzügig und überraschend beschenkt. Gott ist eigentlich beides: Eltern und Großeltern zugleich. Er kümmert sich darum, dass wir uns gut entwickeln, aber er verwöhnt uns auch ab und zu nach Strich und Faden. Er zeigt uns, dass er Freude an unserem Dasein hat und unsere Gemeinschaft genießt. Wir müssen einfach seine Geschenke mit einem offenen Herzen und mit Dankbarkeit annehmen – so wie unsere Enkel es tun.

Zum Nachdenken
Beschenken Sie Ihre Kinder doch einmal
mit einem freien Nachmittag!

Jeder, der sich
die Fähigkeit erhält,
Schönes zu erkennen,
wird nie alt werden.
Franz Kafka

Beziehungsweise — So kann's gelingen!

Wenn man Menschen fragt, ob ihnen die Familie wichtig ist und warum, dann kommen meistens folgende Antworten: Familie ist ein Platz, wo ich mich selbst sein darf und mich wohl fühle. Hier finde ich Menschen, die mich begleiten und mir beistehen, wenn ich Hilfe brauche. Hier sind Menschen, die mir helfen Gott näher kennenzulernen und die mein Leben sinnvoller machen. Hier gibt es Menschen, ohne die ich heute vielleicht gar nicht mehr am Leben wäre. Familie ist also lebensnotwendig.

Unsere Beziehungen innerhalb der Großfamilie sind viel wichtiger als wir oft denken oder uns vorstellen. Sie sind kein Luxus, sondern eine Notwendigkeit. Aber leider vergessen wir das oft oder unterschätzen die Bedeutung und die Kraft dieser Beziehungen. Das kann verschiedene Gründe haben: Manchmal liegt es an uns, nur an uns allein. Vielleicht weil unser Leben zu hektisch ist oder weil wir die Menschen, die Gott uns anvertraut hat, nicht genug wertschätzen. Vielleicht sind wir von Natur aus unverbindlich oder laden die Familie nicht so gerne zu uns nach Hause ein, weil wir das Chaos oder die verschmierten Fensterscheiben nicht wollen, die zum Beispiel die Kleinen hinterlassen. Vielleicht liegt es daran, dass wir vergessen haben, dass unsere Großfamilie ein Geschenk des Himmels ist. Gott führt nicht nur Ehen zusammen, sondern auch Eltern und Kinder, Brüder und Schwestern, Schwiegermütter und Schwiegertöchter, Großeltern und Enkelkinder und „Miteltern" (d.h. die Eltern der Schwiegersöhne/-töchter). Der große deutsche Dichter Goethe sagte in Bezug auf die Großfamilie: „Wie Gott sie uns gab, so muss man sie haben und lieben!"

Gute Gemeinschaft mit Menschen, die Gott uns anvertraut hat, wünscht sich jeder – und braucht auch jeder, ob groß oder klein. Ganz am Anfang der Bibel (1. Mose 2,18) hat Gott uns schon wissen lassen: „Es ist nicht gut, dass der Mensch allein ist!" Wir brauchen einander. Wir brauchen nahestehende Menschen, die in unser Leben hineinsprechen und auch umgekehrt. Und wer kann das besser, als jemand, der uns sehr gut kennt und auch mag.

Ich kann mich noch gut an die Worte meiner Mutter erinnern, nachdem ich ihre Korrektur nicht hören wollte. Sie sagte: „Kind, glaub' mir, was ich dir sage, das wird dir kein anderer ehrlich ins Gesicht sagen, nur deine Eltern, die es gut mit dir meinen!" Da ist was dran. Die Familie ist der Platz, wo unser Charakter am meisten geprägt wird. Da, wo wir Tag und Nacht, gute und schlechte Tage zusammen erleben, können wir am meisten lernen und auch weitergeben. Diese vertrauten Beziehungen können und sollen uns letztendlich zu besseren Menschen machen.

Unter drei Augen

„Opa, ich muss dich mal unter vier Augen sprechen", sagt die halbflügge Enkelin zu ihrem Opa. „Du meinst wohl unter drei?", erwidert er schmunzelnd. „Wieso drei?", fragt sie. „Na ja, wie ich dich kenne, soll ich wieder ein Auge zudrücken."

Auch für Jesus – der Mensch gewordene Gott – waren Beziehungen ganz wichtig. Nicht nur die Beziehung zu Gott auf der vertikalen, sondern auch die Beziehungen zu Menschen auf der horizontalen Ebene. Jesus lädt uns zu beiderlei Beziehungen ein: Zu einer persönlichen Beziehung zu ihm und zu einer offenen und ehrlichen Beziehung zu Menschen – ob diese groß oder klein sind.

Wenn wir Kinder und Enkel haben und auch wissen, was wir mit ihnen tun können, kann unser Leben so viel reicher, schöner und bedeutungsvoller sein. Mal ehrlich – wir investieren so viel Zeit und Kraft in viele gute Dinge, um voranzukommen. Wir machen z. B. Nordic Walking, um fit zu bleiben oder wir besuchen einen Volkshochschule-Kurs, um eine Fremdsprache oder den Computer besser zu beherrschen oder wir besuchen einen Gesprächskreis über die Bibel, um geistlich zu wachsen. Aber wie viel Zeit und Energie investieren wir, um die Beziehungen zu unseren Enkeln aufzubauen und vertiefen?

Nachdem unser erstes Enkelkind geboren war, kam eine sehr weise Frau nach einem Vortrag auf mich zu und sagte: „Frau Schulte, vergessen Sie bei Ihrer Tätigkeit als Referentin nicht, dass Ihre Enkelin auch ein Pult ist, an dem Sie jetzt stehen sollten!" Das Wort „jetzt" hat uns zum Nachdenken gebracht und es begleitet uns bis heute. Seither versuchen wir „jetzt" in die Enkel zu investieren und nicht irgendwann mal, wenn wir nicht mehr so beschäftigt sind. Jede Woche schauen wir in unseren Terminkalendern nach freien Stunden und bieten diese per E-Mail unseren Kindern, bzw. Enkeln an. Unsere Schwiegertöchter machen dann unter sich aus, welche Enkel wann und wie lange zu uns kommen. Ab dann zählen die Enkel voller Freude und Erwartung die Nächte, die sie noch schlafen müssen bis es so weit ist.

Tatsache ist, dass wenn unsere Enkel auf die Welt kom-

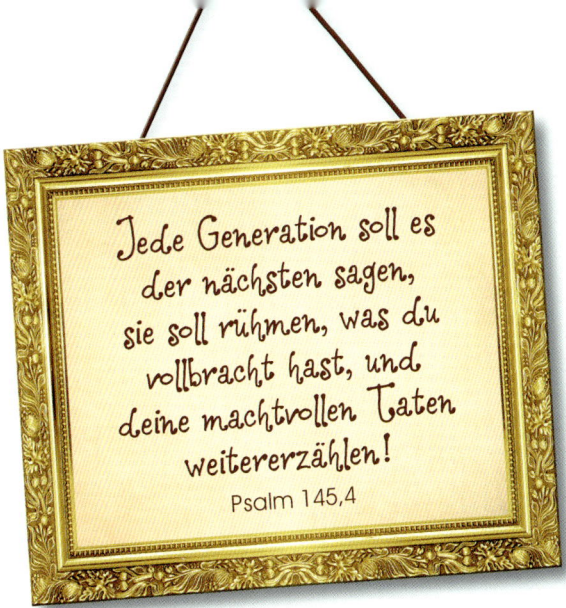

Jede Generation soll es
der nächsten sagen,
sie soll rühmen, was du
vollbracht hast, und
deine machtvollen Taten
weitererzählen!

Psalm 145,4

men, sie in erster Linie ein Leben spendendes System na-
mens Mama suchen. Das ist ihre erste und wichtigste Beziehung. Hier lernen sie sich zu verbinden, sich auszustrecken
und zu vertrauen – im Englischen genannt „Bonding". Diese Entwicklung ist die Vorbereitung für alle anderen Beziehungen in ihrem Leben. Hier entdecken sie, dass die Bindung an ihre Mama die wichtigste für sie ist. Danach
verbinden sie sich mit ihrem Papa, ihren Geschwistern –
falls sie diese haben – und mit Omas und Opas. Zwischen
vier und zwölf Jahren interessieren sie sich dann immer
mehr für Freundschaften und zwischen zwölf und zwanzig
Jahren interessieren sie sich zunehmend für das andere Ge-
schlecht.

All diese Etappen sind wichtig, damit Kinder beziehungs-
fähig werden. Das heißt ganz praktisch: Großeltern sind besonders gefragt und wichtig in den ersten zwölf Jahren ihrer
Enkelkinder. Wenn Enkel ihre Großeltern danach nicht
mehr so oft besuchen oder kontaktieren, liegt das nicht an
den Großeltern, sondern an einer ganz natürlichen Ent-

wicklung. Andere Menschen werden für die Enkel mehr und mehr zur Quelle der Liebe, Anerkennung, Interesse und Fürsorge. Das erklärt auch, warum ein Mann seine Familie eines Tages verlässt und sich an eine Frau bindet und die beiden zu einer Einheit werden, wie es in 1. Mose 2,24 steht.

Wenn Beziehungen so wichtig sind – auch innerhalb der Großfamilie – und unser Schöpfer uns das auch in Jesus Christus vorgelebt hat, was können Sie dann noch tun, um die Beziehungen zu Ihren Enkeln zu vertiefen – besonders wenn sie noch keine 12 Jahre alt sind?

Vielleicht haben Sie schon sehr viel Gutes mit Ihren Enkeln erlebt. Warum nicht noch mehr Gutes mit ihnen gemeinsam erleben und wertvolle Erinnerungen sammeln? Diese Erinnerungen, die Sie in ihren Herzen tragen, werden sie verbinden. Ihre Enkel werden ein Teil Ihres Lebens und Sie ein Teil ihres Lebens. Sie werden immer wieder aneinander denken und sich nicht auseinanderleben – auch nicht nachdem Ihre Enkel andere Quellen der Liebe und Fürsorge entdeckt haben. Umso öfter Sie miteinander zu tun haben, umso mehr Annahme, Offenheit und Ehrlichkeit entsteht zwischen Ihnen. Das schmückt Ihre Beziehungen. Ergreifen Sie immer wieder die Initiative und machen Sie Termine mit Ihren Enkelkindern. Einfach so!

An Liebe und Treue zu anderen
soll es bei dir niemals fehlen.
Schmücke dich damit
wie mit einer Halskette!
Sprüche 3,3

Doch die Güte Gottes bleibt
für immer bestehen;
bis in die fernste Zukunft
gilt sie denen, die ihn ehren.
Er hält auch noch
zu ihren Kindern und Enkeln,
wenn sie nur seinem Bund treu bleiben
und nach seinen Geboten leben!

Psalm 103,17

Gebote für Großeltern

Du sollst deine Enkel bedingungslos lieben, sie achten und respektieren.

(... in Demut achte einer den anderen
höher als sich selbst. Philipper 2,3)

Du sollst dem Bedürfnis widerstehen, deinen Enkeln stets zu zeigen, wie man alles besser macht.

(Und setzt es euch zum Ziel, ein geordnetes Leben
zu führen, euch um eure eigenen Angelegen-
heiten zu kümmern. 1. Thessalonicher. 4,11)

Du sollst ein offenes Herz, Ohr und Haus für deine Enkel haben.

(Vergesst nicht, Gastfreundschaft zu üben,denn
auf diese Weise haben einige, ohne es zu wissen,
Engel bei sich aufgenommen. Hebräer 13,2)

Du sollst regelmäßig für deine Enkelkinder beten. Ohne Unterlass.

(Darum danke ich Gott unermüdlich für euch,
wenn ich in meinen Gebeten an euch denke.
Epheser 1,16)

Du sollst loyal sein
und deine Enkel nicht verurteilen,
denn ein kritischer Geist
ist wie ein Bumerang.

(Verurteilt nicht andere, damit Gott nicht euch
verurteilt. Denn euer Urteil wird auf euch
zurückfallen. Matthäus 7,1-2)

Du sollst wissen, dass es Regeln gibt,
die in Oma und Opas Haus gelten
und solche, die im Hause
deiner Kinder gelten.

(Jedermann sei untertan der Obrigkeit,
die Gewalt über ihn hat. Denn es ist keine
Obrigkeit außer von Gott;
wo aber Obrigkeit ist,
die ist von Gott
angeordnet.
Römer 13,1)

Früh übt sich, wer ein Meister werden will!

> „Gott, von Jugend auf bist du mein Lehrer,
> und bis heute erzähle ich von deinen Wundern.
> Auch jetzt, wo ich alt und grau geworden bin,
> verlass mich nicht, mein Gott!
> Kindern und Enkeln will ich erzählen,
> wie mächtig du bist und wie gewaltig
> deine Taten sind!"
> Psalm 71,17-18

Lego-Modelle sind sehr beeindruckend. Aber diese hübschen Burgen und Raumschiffe, die wir früher mit unseren Söhnen aufgebaut haben und heute mit unseren Enkeln zusammenpuzzeln, sind nach wie vor eine ziemlich kniffelige Angelegenheit. Um die Modelle richtig und funktionstüchtig aufzubauen, brauchen wir etwas ganz Entscheidendes: entweder die Anleitungen oder ein Bild vom Hersteller. Ohne diese sind wir verloren und können unseren Enkeln nicht wirklich weiterhelfen. Damit uns diese Anleitungen niemals abhandenkommen, haben wir sie alle fotokopiert und abgeheftet. Inzwischen haben wir schon viele Erfahrungen gesammelt und kriegen das Zusammenbauen der Modelle immer schneller und besser hin. Die Enkel auch!

Genauso ist es mit unserem Leben und dem

„Sei du selbst die Veränderung, die du dir wünschst für diese Welt."
Mahatma Gandhi

Leben unserer Kinder und Enkel. Wir alle brauchen Gottes Anleitungen, damit wir unser Leben meistern können. Wie gut ist es, wenn ein Kind jemanden in der Familie oder im Freundeskreis hat, der ihm nicht nur hilft seine Lego-Modelle anhand der Anleitung aufzubauen, sondern ihm auch beisteht, um sein persönliches Leben anhand der Anleitung Gottes – unseres „Herstellers" – richtig zu konstruieren.

Wie gut ist es, wenn es Großeltern gibt, die ihren Enkeln gerne den Weg zu Jesus zeigen und ihnen auch erklären, wie man die Bibel mit Gewinn lesen und verstehen kann. Wenn Großeltern Gottes Anleitungen für sich persönlich entdeckt und ihr Leben darauf aufgebaut haben, dann können sie auch ganz viel Gutes aus ihrem Erfahrungsschatz mit Gott erzählen. Je früher sie dieses tun, desto besser.

Zum Nachdenken
Obwohl der Psalmist
schon alt und grau geworden war,
blieb es sein Herzenswunsch, seinen Kindern
und Enkeln von Gott zu erzählen.
Und es blieb nicht bei dem Wunsch …

Geschlossene Gesellschaft

„Einige Leute wollten auch ihre kleinen Kinder
zu Jesus bringen, damit er sie berühre.
Als die Jünger es sahen, fuhren sie die Leute an
und wollten sie wegschicken.
Doch Jesus rief die Kinder zu sich und sagte:
Lasst die Kinder zu mir kommen
und hindert sie nicht, denn für Menschen wie sie
steht Gottes neue Welt offen.
Ich versichere euch: Wer sich Gottes neue Welt
nicht schenken lässt wie ein Kind,
wird niemals hineinkommen."
Lukas 18,15-17

Türsteher gab es damals wie heute. Sie sind das Wachpersonal, welches in der Regel nur ausgewählte Gäste in Restaurants oder Veranstaltungsstätten einlassen. Übliche Kriterien, nach denen sie auswählen, sind zum Beispiel Alter, Aussehen oder Kleidung. Daneben sollen Türsteher auch dafür sorgen, dass vor allem Leute das Lokal betreten, die dessen Attraktivität erhöhen.

In dieser Geschichte übernahmen die Jünger die Aufgabe des Türstehers bei einer Veranstaltung mit Jesus und führten die Zutrittskontrolle strengstens durch. Sie haben Babys und Kinder abgewiesen, die aus ihrer Sicht nicht in die Zielgruppe der Veranstaltung passten. Für sie war es ganz selbstverständlich, dass die „Kleinen" bei Jesus nichts verloren hatten und dass Erwachsene – und damit auch Jesus – viel „Besseres" und „Wichtigeres" zu tun haben, als sich mit Kindern abzugeben.

Dieses Denken entspricht leider nicht nur der damaligen Kultur und Tradition, sondern manchmal sogar unseren herkömmlichen Gottesdienstvorstellungen.

Und wie reagiert Jesus? Überraschend – ganz anders als die Jünger. Und vor allem zu Gunsten der Kleinen. Kinder sind bei ihm herzlich willkommen. Sie sind ihm wichtig und was ihm wichtig ist, dafür hat er Zeit – ganz nach dem Motto: „Zeit ist eine Sache des Herzens und nicht der Uhr!"

Und außerdem macht Jesus ganz klar, dass sein Reich – ein Leben in seiner Gegenwart – gerade für Kinder offen steht. Und damit meint er Menschen, die sich nichts auf ihre eigenen Stärken oder ihr eigenes Können einbilden, sondern die sich von Gott abhängig wissen. Menschen, denen es bewusst ist, wie begrenzt ihre Möglichkeiten sind, die aber auf Gottes unbegrenzte Möglichkeiten vertrauen. Menschen, die voller Vertrauen und Hoffnung sind wie Kinder.

Gott ist nicht beeindruckt durch unser Alter, Status, Wissen oder unsere Erfahrungen, sondern durch unser kindliches Vertrauen zu ihm. Deswegen rät Jesus allen großen Leuten: Wer sich der Liebe Gottes nicht wie ein Kind öffnet, wird sie niemals erfahren. Wenn wir bei Gott ankommen wollen, müssen wir in diesem Sinne werden wie die Kleinen.

Zum Nachdenken

Wie könnten Sie Ihren Enkeln noch vermitteln, dass Jesus sie wertschätzt und ernst nimmt?

Frühlingsgefühle

Unsere Enkelin erklärt Ostern: „An Karfreitag ist der Gott gestorben. Und drei Tage später ist er wieder aufgetaut."

Enkelkinder trösten

„Oma und Opa, könnt ihr mal mit nach draußen kommen? Ich will euch zeigen, wie ich ganz alleine und ohne Stützräder Fahrrad fahren kann!"

Natürlich sind wir zusammen mit allen anderen gleich vom Kaffeetisch aufgestanden und unserer Enkelin nach draußen gefolgt. Bis sie ihren Helm richtig angeschnallt und wir uns alle als Zuschauer am Straßenrand aufgestellt hatten, waren die Spannung und die Erwartungen beiderseits gestiegen. Unsere Enkelin, überglücklich und stolz auf ihre neuen Fähigkeiten, setzte sich auf das Fahrrad und strampelte äußerst selbstsicher los.

Weil sie aber so neugierig war, uns alle staunen zu sehen, schaute sie sich um und schon war es passiert. Ein böser Sturz. Dabei waren die Kratzer am Bein nicht halb so schlimm wie die Kratzer an ihrer Seele. Sie wollte uns doch so gerne beeindrucken und dann war alles daneben gegangen. Sie war untröstlich.

Es tut Großeltern so weh, wenn sie ihre Enkel traurig, enttäuscht oder verletzt sehen. Wenn Enkelkinder leiden, leiden Großeltern mit. Was können wir tun?

- Lassen Sie sich zunächst selber von Gott trösten.
- Hören Sie Ihren Enkelkindern zu. Geben Sie ihnen die Möglichkeit über ihre Gefühle und ihren Frust zu reden – wenn sie wollen. Und wenn sie nicht reden wollen, seien Sie einfach nur für sie da.
- Beten Sie. Beten Sie beharrlich und spezifisch. Geben Sie nicht auf. Bitten Sie Gott ihre kleinen und großen Wunden zu heilen.

Gepriesen sei der Gott und Vater
unseres Herrn Jesus Christus!
Er ist ein Vater, dessen Erbarmen unerschöpflich ist,
und ein Gott, der uns nie verzweifeln lässt.
Auch wenn ich viel durchstehen muss,
gibt er mir immer wieder Mut.
Darum kann ich auch anderen Mut machen,
die ähnliches durchstehen müssen.
Ich kann sie trösten und ermutigen,
so wie Gott mich selbst getröstet und ermutigt hat.
Ich leide mit Christus und in seinem Dienst
in reichem Maß.
Aber ebenso reich sind der Trost
und die Ermutigung,
die mir durch ihn geschenkt werden!
2. Korinther 1,3-5

Gott hat keine Enkelkinder

Gott, wir haben mit unsern Ohren gehört,
unsre Väter haben's uns erzählt,
was du getan hast
zu ihren Zeiten, in alten Tagen.
Psalm 44,2

An Heilig Abend spielen wir als Familie gerne ein Frage-Antwort-Spiel, das uns über Gottes Führung und seinen Segen in unserem und dem Leben unserer Vorfahren ins Gespräch bringt (siehe nächste Doppelseite). Das tut uns so gut, dass wir uns am Ende immer wieder fragen „Warum machen wir das nicht öfters?" Es verleiht dem Abend einen besonderen Tiefgang und für jeden von uns sind die Erfahrungen des anderen eine Ermutigung und Grund, sich mit dem anderen zu freuen. Und es löst Dankbarkeit gegenüber Gott aus.

Dieser Austausch über Gottes Gegenwart in unserem Leben macht uns auch Mut, Gott im neuen Jahr nicht zu vergessen, bei ihm zu bleiben und uns immer wieder an ihn zu wenden. Ohne diesen Austausch an Heilig Abend würden wir vielleicht so manches über den anderen oder Gottes Wirken niemals erfahren. Auch nicht unsere Enkelkinder, wenn sie einmal älter sind und in später Runde mit dabei sitzen.

Tatsache ist, dass jede Generation sich aufs Neue entscheiden muss, Gott ernst zu nehmen und ihre eigene Geschichte mit Gott zu schreiben. Keine Generation kann nur von den Erfahrungen der vorhergehenden Generation leben. Die große Geschichte Gottes mit seinem Volk zu kennen reicht nicht aus, um einen eigenen tragfähigen Glauben zu entwickeln. Für einen festen Glauben brauchen wir immer die eigene Entscheidung und das persönliche Erleben mit Gott. Unsere Geschichte oder die unserer Vorfahren kann immer nur eine Ermutigung für unsere Kinder und Kindeskinder sein, selber ein „Erfahrenkönnen" mit Gott zuzulassen und Gott in der eigenen Geschichte zu erleben.

Das Krippenspiel
Jetzt in neuer Besetzung

Unsere Enkelin (5) spielt im Kindergarten beim Weihnachtsstück mit, hat aber vergessen welche Rolle. Alles, was sie noch weiß, ist, dass es ein schweres Wort war.
Wir gehen alle Figuren durch.
Nichts stimmt.
Unser Sohn fragt:
„War es irgendwas mit Myrrhe?"
Darauf unsere Enkelin:
„Papa, ich spiele doch keine Möhre!"

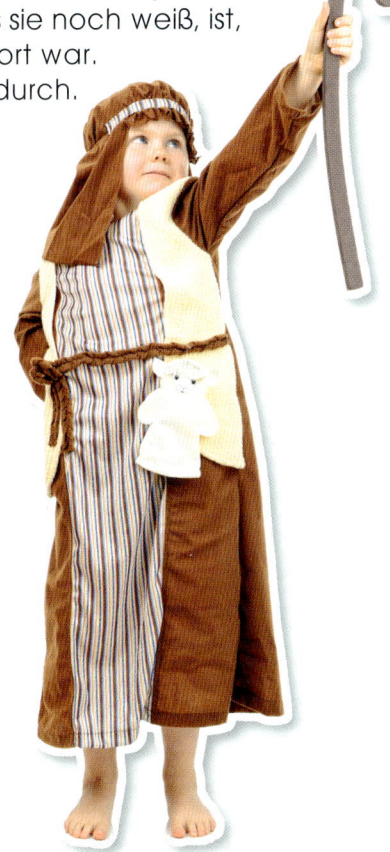

Unser Enkel (3) spielt in einem Krippenspiel ein Schaf.
Sein Kommentar hinterher:
„Schaf spielen ist ganz OK.
Aber nächstes Jahr will ich lieber ein Löwe sein!"

Das Erzähl-mir-von dir-Spiel

Wir pflegen eine schöne Weihnachtstradition. In einer alten Keksdose sammeln wir übers Jahr interessante Fragen, die wir einem anderen in unserer Familie liebend gerne einmal stellen würden. Die Fragen werden auf kleine Zettel geschrieben und wie ein Los aufgerollt. Nach dem Öffnen eines Geschenkes muss der Beschenkte eine Frage ziehen und beantworten. Nicht jeder Fragezettel wird sofort beantwortet, sondern bleibt vielleicht für das nächste Jahr in der Dose. Hier einige Beispiel-Fragen, die bei uns tiefgehende Gespräche ausgelöst haben:

- Was hast du von deiner Mutter, bzw. Vater gelernt?
- Was von dem, was du vor 10 Jahren geglaubt hast, bezweifelst du heute?
- Was besitzt du schon seit deiner Kindheit?
- Wen fragst du um Rat? Wer fragt dich um Rat?
- Was solltest du unbedingt in deinem Leben ändern?
- Was ist ein schönes Ritual aus deiner Kindheit? Welches würdest du gerne fortsetzen?
- Was war dein schönstes Erlebnis mit Gott im letzten Jahr?
- Welchen Bibelvers würdest du als Ermutigung spontan einem anderen Menschen weitergeben?

Natürlich eignet sich das nicht nur für Weihnachten, und als Frage ist alles möglich, was den Antwortenden nicht bloßstellt. Gerade bei neuen Familienmitgliedern sind auch Fragen zum besseren Kennenlernen, z.B. nach Vorlieben, gut. Als Anregung – oder auch für alle, die sich nicht selbst die Fragen ausdenken wollen – haben wir Fragen zusammengestellt, die begleitend zum buch unter dem Titel „Erzähl mir von dir" in einer Box erschienen sind (s. S. 95).

Ein leidenschaftlicher Fan

Während eines Fußballspiels
nimmt der Trainer einen 9-jährigen
Spieler zur Seite und fragt:
„Weißt du, was Zusammenspielen heißt?
Weißt du was Teamarbeit bedeutet?"
Der Junge nickt bestätigend.

„Was wirklich zählt, ist, dass wir als Team
gewinnen oder verlieren."
Der Junge nickt wieder.

„Also", fährt der Trainer fort, „dann weißt du auch, dass
wenn der Linienrichter ein Abseits anzeigt, du nicht
argumentierst, fluchst, tätlich wirst oder ihn einen
Dummkopf nennst. Verstehst du das alles?"
Der kleine Junge nickt wieder.

„Und wenn ich dich auswechsle, damit ein anderer Spieler
auch eine Chance bekommt, dann ist es nicht sportlich
deinen Trainer zu beschimpfen!"
„Nein", stimmt der Junge zu.

„Gut", sagt der Trainer, „dann geh jetzt bitte
zu deiner Oma und erkläre ihr das alles!"

Gebt Acht,
dass ihr nie vergesst,
was ihr mit eigenen Augen
gesehen habt!
Haltet die Erinnerungen daran
euer Leben lang lebendig,
und erzählt es euren Kindern
und Enkeln weiter.

5. Mose 4,9

Großeltern — ganz „wertvoll" als Wertevermittler

Bring einem Kind am Anfang seines Lebens
gute Gewohnheiten bei,
es wird sie auch im Alter
nicht vergessen.
Sprüche 22,6

Werte sind für jeden einzelnen von uns gut und wichtig, denn ohne Werte läuft zuerst unser persönliches Leben aus dem Ruder, dann unsere Ehe, dann die Familie und damit auch unsere Gesellschaft. Wenn jeder von uns tun und lassen kann, was er will, dann können wir bald nicht mehr vor unsere Haustür gehen. Werte sind Leitplanken und Stoppschilder für unser privates und gesellschaftliches Leben. Es sind Wegweiser, die wir von klein auf brauchen, denn als Menschen sind wir – im Gegensatz zu Tieren, die instinktgeleitet sind – fast unbeschränkt frei. Aber dieses Privileg der Freiheit, das Gott uns geschenkt hat, hat auch eine Kehrseite: Die Grenzenlosigkeit. Und Grenzenlosigkeit zerstört unser Leben. Wenn wir keine verbindlichen Maßstäbe haben, an denen wir uns orientieren können, dann werden wir krank.

Obwohl die Wert- und Sinnfrage für unsere Enkel gerade in der Pubertät sehr wichtig ist, heißt das nicht, dass sie ein spezielles Thema oder Problem von Pubertierenden sind. In dieser Zeit offenbart sich halt – verbal oder im Verhalten der Jugendlichen – was viel früher in der Kindheit angelegt, übernommen und gewachsen ist. Oder eben auch, was nicht angelegt wurde.

Studien belegen, dass Kinder leider oft eine vernachlässigte Gruppe der Gesellschaft sind. Es gibt neue Formen der

Vernachlässigung. Ein neuer Mangel an Zuwendung wird registriert oder das Kind rangiert oft hinter der Selbstverwirklichung. Die Rede ist hier von einer „inneren" und „äußeren" Verwahrlosung.

Wenn wir das Wort Verwahrlosung hören, dann haben wir oft ein mentales Bild vor Augen von einem Kind, das ungepflegt herumläuft, keine Manieren hat und sich auffällig benimmt. Wer von uns käme auf die Idee, adrette, gepflegte und umgängliche Kinder aus gutem Hause als verwahrlost zu bezeichnen?

Ulrike Zöllner schreibt in ihrem Buch „Die armen Kin-

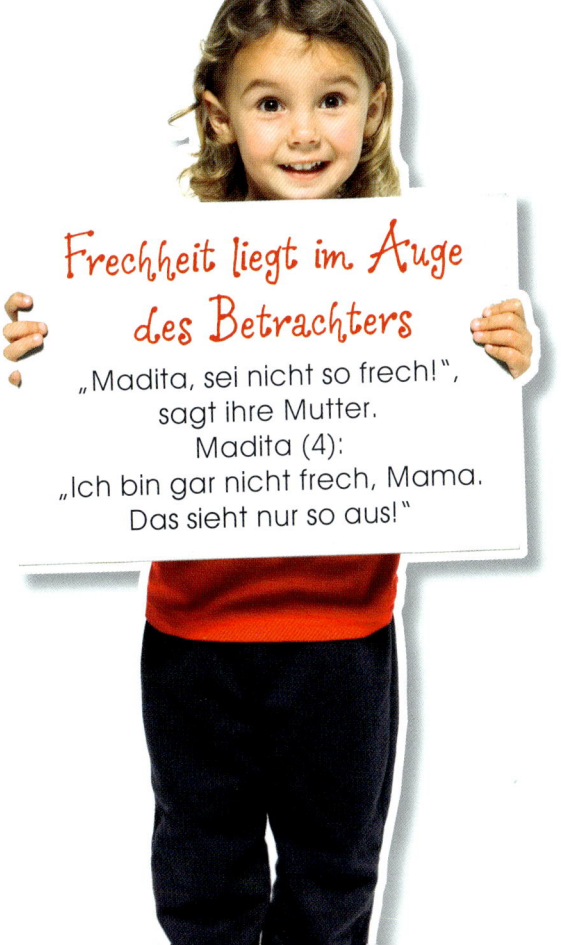

Frechheit liegt im Auge des Betrachters

„Madita, sei nicht so frech!",
sagt ihre Mutter.
Madita (4):
„Ich bin gar nicht frech, Mama.
Das sieht nur so aus!"

der der Reichen": „Verwahrloste sind Menschen, bei denen in ihrer frühesten und späteren Kindheit das Bedürfnis nach Verwahrt sein, das heißt nach Sicherung und Geborgenheit in einer schützenden, liebend zugewandten, zugleich aber auch die notwendigen Versagungen auferlegenden Umgebung, nicht in einer der kindlichen Entwicklung angemessenen und notwendigen Weise befriedigt wurde." „Verwahrlosung", schreibt sie weiter, „hat mit einer Haltung zu tun, die aktiv eingenommen wird oder eben nicht eingenommen wird. Verwahrlosung ist eine Haltung, die nicht der Betroffene einnimmt, sondern die ihm von anderen widerfährt".

Das heißt: Wir Erwachsene – Eltern und Großeltern – können die nächste Generation verwahrlosen. Wir sind die Auslöser, nicht die Kinder. Das Schlimme ist, Verwahrlosung verursacht ein unangepasstes Verhalten in Bezug auf die Erwartungen der Allgemeinheit. Irgendwann fällt das auf. Meistens, wenn irgendetwas Handgreifliches oder ein Sachschaden auftritt. Dann wird eingegriffen! Dann werden professionelle Personen oder Institutionen in Anspruch genommen. Dann versucht man das Bedürfnis nach Verwahrt -Sein zu befriedigen.

Kein Wunder, dass uns unser Schöpfer ermutigt, Kindern gleich von Anfang an gute Gewohnheiten beizubringen. Wir alle brauchen von klein auf Gottes Grundwerte, die unser Denken und Tun bestimmen, gute Lebensziele, die unser Leben prägen. Gott verspricht uns in Sprüche 22,6, dass unsere ganze Mühe und Arbeit mit der Erziehung und Unterweisung sich lohnt: „… sie [unsere Nachkommen] werden es auch im Alter nicht vergessen!"

Um ein gutes Vorbild und ein guter Kompass für unsere Enkel zu sein, können wir Gottes „Erziehungsstil" nachahmen:

1. Gott liebt bedingungslos.

1. Johannes 4,7-8: „Wir wollen einander lieben, denn die Liebe kommt von Gott! Wer liebt, hat Gott zum Vater und kennt ihn. Wer nicht liebt, kennt Gott nicht, denn Gott ist Liebe."

2. Gott verlangt von uns, dass wir ihn vertrauensvoll achten und ihm gehorchen.

2. Mose 20,3:
„Du sollst keine anderen Götter neben mir haben".
2. Mose 23,13: „Richtet euch nach allem, was ich, der Herr, euch gesagt habe!"

3. Gott erfüllt uns nicht jeden Wunsch, sondern gibt uns das, was für uns richtig ist.

Jeremia 29,11: „Mein Plan mit euch steht fest: Ich will euer Glück und nicht euer Unglück. Ich habe im Sinn, euch eine Zukunft zu schenken, wie ihr sie erhofft!"
Jesaja 55,8-9: „Meine Gedanken, sagt der Herr, sind nicht zu messen an euren Gedanken, und meine Möglichkeiten nicht an euren Möglichkeiten. So hoch der Himmel über der Erde ist, so weit reichen meine Gedanken hinaus über alles, was ihr euch ausdenkt, und so weit übertreffen meine Möglichkeiten alles, was ihr für möglich haltet."

4. Gott opfert sich selbst zum Wohl seiner Kinder

Johannes 3,16: „Gott hat die Menschen so sehr geliebt, dass er seinen einzigen Sohn hergab. Nun werden alle, die sich auf den Sohn Gottes verlassen, nicht zugrunde gehen, sondern ewig leben."

5. Gott unterweist und korrigiert die, die er liebt

Hiob 5,17: „Wie glücklich ist der Mensch, den Gott zurechtweist! Wenn er dich jetzt erzieht, lehn dich nicht auf!"

Sprüche 6,23: „Was (Groß)eltern dir beibringen, ist wie eine helle Lampe für deinen Weg. Wenn sie dich ermahnen und zurechtweisen, leiten sie dich an zu einem erfüllten Leben."

6. Gott schützt seine Kinder

Psalm 18,2: „Ich liebe dich, Herr, denn durch dich bin ich stark! Du mein Fels, meine Burg, mein Retter, mein Beschützer, mein starker Helfer, meine Festung auf steiler Höhe! Wenn ich zu dir um Hilfe rufe, dann rettest du mich vor den Feinden. Ich preise dich!"

7. Gott ist immer für uns da – egal was passiert!

Psalm 46,1: „Gott ist unsere sichere Zuflucht, ein bewährter Helfer in aller Not!"

Enkelmund

Ein Opa geht mit seinem vierjährigen Enkel am Strand spazieren. Sie entdecken eine tote Möwe. „Opa", fragt der Junge, „Was ist mit dem Vogel passiert?" „Er ist gestorben und in den Himmel gegangen", antwortet der Opa. Der Junge denkt kurz nach und fragt: „Hat Gott ihn wieder vom Himmel runtergeworfen?"

Lukas (4) ist zu Besuch bei seinem Opa. Nachdem er eine Weile draußen mit anderen Kindern gespielt hat, kommt er ins Haus und fragt: „Opa, wie heißt das, wenn zwei Menschen in einem Schlafzimmer schlafen und einer ist über dem anderen?"
Der Opa, ganz schön verblüfft, entscheidet sich, ihm die Wahrheit zu sagen. „Na ja, Lukas, das nennt man Geschlechtsverkehr!" „Ach so", sagt Lukas und geht wieder nach draußen spielen. Wenig später kommt Lukas ziemlich verärgert zurück und sagt: „Opa, das heißt nicht Geschlechtsverkehr, das heißt Etagenbett. Und außerdem möchte Daniels Mama mit dir reden!"

Ein kleines Mädchen erlebt zum ersten Mal eine Trauung. Ganz leise fragt sie ihre Oma:
„Oma, warum ist die Braut ganz in Weiß gekleidet?"
„Weil Weiß die Farbe der Freude ist und heute der glücklichste Tag in ihrem Leben ist!"
Das Mädchen denkt kurz nach und fragt wieder:
„Oma, warum trägt der Bräutigam dann Schwarz?"

Ein Zufluchtsort für Enkel

Der Mensch will so gerne das Gute,
das Kind hat so gerne ein offenes Ohr dafür;
aber es will es nicht für dich, Lehrer,
es will es nicht für dich, Erzieher,
es will es für sich selber.
Johann Heinrich Pestalozzi

Absalom aber floh und ging zu Talmai.
2. Samuel 13,37

Das Leben besteht aus Beziehungen und „Bezogenheiten". Dabei entwickelt sich dieses Beziehungsgeflecht der Menschen nicht unbedingt immer harmonisch. Neben Liebe und Wohlwollen gehören auch manchmal Missverständnisse, Ungerechtigkeiten, Streit und Fehlverhalten zum Alltag vieler Familien. Auch bei den besten Familien! Dies ist nichts Neues. In den Geschichtsbüchern der Bibel, zum Beispiel im Alten Testament im Buch Samuel, ist das Leben der Familie Davids festgehalten. David, der große König Israels, war leider nicht immer ein „Vorzeige-Vater". Er hatte in seiner Familie so manches „laufen lassen", was letztlich zur offenen Rebellion führte.

In der mit Spannung geladenen Beziehung zwischen David und seinem Sohn Absalom flieht Absalom zu seinem Großvater Talmai. Talmai war der Sohn Ammihuds – eines Königs von Geschur. Für Absalom war das Haus seines Großvaters ein Zufluchtsort, wo er zunächst einmal Annahme und Verständnis fand. Hier fand Absalom auch Raum und Zeit über seine eigenen Fehler nachzudenken. Er wusste: Beim Opa werde ich nicht verurteilt, sondern aufgerichtet.

Großeltern können gute Brückenbauer in schwierigen Zeiten sein, zum Beispiel, wenn die Beziehungsbrücken der Enkel zerstört sind oder wenn sie eine rebellische Pubertät durchmachen. Es hat einmal jemand gesagt: „Pubertierende sind ‚Prä-Menschen' – sie sind noch nicht ganz fertig und daher sollten wir viel entspannter und unbekümmerter mit ihnen umgehen."

Großeltern bieten als Zufluchtsort Abstand und damit auch die Möglichkeit für Kinder und Enkel, ihre Beziehungen wieder neu aufzubauen. Das heißt nicht, dass dadurch alles immer gut wird. Aber Großeltern können Kindern und Enkeln gute Vorbilder sein, sie weise beraten und auf Gottes Lebensprinzipien hinweisen. Entscheiden müssen Kinder und Enkel selber, was sie tun werden. Jeder ist letztendlich für sein eigenes Denken und Tun vor Gott verantwortlich.

Halten Sie Ihr Herz und Ihre Haustür offen als Brückenbauer für Ihre Enkel. Das ist ein großes Privileg. Und vergessen Sie nicht: „Barmherzige Großeltern sind Vertreter des Himmels."

Langweilig?

Madita (4): „Oma, was machst du eigentlich hier mit Opa, wenn ich nicht zu Besuch bin!"

Häusliche Psalmworte

Wir bewundern junge Familien. Sie sind so voller Kraft, Ideen, Tatendrang und Leidenschaft. Sie investieren ihre Zeit und Energie an so vielen Baustellen. Während sie ihre Kinder großziehen, richten sie sich gleichzeitig ein gemütliches Zuhause ein, legen einen Gemüsegarten an, engagieren sich zielstrebig am Arbeitsplatz, in der Gemeinde, in verschiedenen Projekten oder Kleingruppen und halten stets Ausschau, wie sie sich darüber hinaus noch mit ihren Gaben einsetzen können.

Hut ab! Dabei weiß doch jeder – auch Omas und Opas – wie anstrengend das Familienleben manchmal sein kann. Einen Haushalt mit aktiven Kindern zu führen und gleichzeitig darauf zu achten, dass ein selbstloses und gutes Miteinander gepflegt und keiner vernachlässigt wird, ist eine große und wichtige Aufgabe. Aber eine Aufgabe, die sich lohnt!

Es gibt zwei Psalmen in der Bibel, die über das Familienleben in den eigenen vier Wänden sprechen. Sie sind sozusagen „häusliche" oder „heimische" Psalmen. Psalm 127 spricht über den Hausbau und über die Familiengründung und Psalm 128 spricht über die Ehefrau, die Mutter, das Heim, die Kinder und sogar über die Enkelkinder.

Psalm 127,1-5
An Gottes Segen ist alles gelegen:

Der Herr selbst muss das Haus bauen,
sonst arbeiten die Bauleute vergeblich.
Der Herr selbst muss die Stadt beschützen,
sonst ist jede Wache umsonst.
Was könnt ihr denn ohne Gott erreichen?
In aller Frühe steht ihr auf und arbeitet
bis tief in die Nacht; mit viel Mühe
bringt ihr zusammen, was ihr zum Leben braucht.
Das gibt Gott den Seinen im Schlaf!
Kinder sind ein Geschenk des Herrn,
mit ihnen belohnt er die Seinen.
Kräftige Söhne sind für den Vater
wie Pfeile in der Hand eines Kriegers.
Wer viele solche Pfeile in seinem Köcher hat,
der hat das Glück auf seiner Seite.
Wenn seine Feinde ihn verklagen,
verhelfen sie ihm zu seinem Recht!

Psalm 128,1-6
So segnet Gott:

„Wie glücklich ist ein Mensch,
der den Herrn achtet und ehrt
und sich nach seinen Geboten richtet!
Was deine Arbeit dir eingebracht hat,
das wirst du auch genießen.
Wie glücklich du sein kannst!
Es ist gut um dich bestellt!
Da ist deine Frau in deinem Haus;
sie gleicht einem fruchtbaren Weinstock.
Da sind die Kinder um deinen Tisch,
zahlreich wie frische Ölbaumtriebe.
So segnet der Herr den Mann,
der ihn achtet und ehrt.
Der Herr segne dich,
der auf dem Zionsberg wohnt!
Solange du lebst, sollst du sehen,
dass es Jerusalem gut geht,
und auch die Kinder deiner Kinder
sollst du sehen!"

Aus diesen zwei Psalmen lernen wir Wichtiges für das Familienleben:

1. Gott selber will die Mitte unseres Heimes sein. Seine Grundwerte sollen den Boden unter unseren Füßen bilden. Seine Gegenwart und sein Wille sollen unser Schutz sein, damit wir als Familie und folglich auch als Gesellschaft stark und glücklich sind. Alles Arbeiten, Planen, Streben, Aufreiben, Sorgen und Bemühen ist umsonst, wenn wir Gott außen vor lassen.

2. Gott selber will die Mitte unseres Familienlebens und unserer Arbeit sein. Der Schlüssel zu einem göttlichen und glücklichen Familienleben liegt nicht darin, dass wir selber immer hart und immer viel arbeiten! Nichts und niemand kann Gott und seinen Segen in unserem persönlichen und in unserem Familienleben ersetzen. Kein Fleiß und kein Geld der Welt werden Gottes Wirken ersetzen. Wir dürfen uns immer wieder entspannen. Gott kann uns über Bitten und Verstehen hinaus beschenken, auch wenn wir mal nichts tun – wie zum Beispiel beim Ausschlafen!

3. Gott will, dass Eltern und Großeltern die richtige Einstellung gegenüber ihren Kindern und Enkelkindern haben.
   a) Wir sollen unsere Nachkommen als ein persönliches Geschenk betrachten. Gott hat sie uns persönlich geschenkt und anvertraut – ob sie geplant waren oder nicht.
   b) Wir sollen unsere Nachkommen als eine wunderbare Belohnung betrachten – etwas, dass uns viel Freude macht.
   c) Wir sollen unsere Nachkommen wie Pfeile in der Hand eines Kriegers betrachten: So wie ein Pfeil nicht in der Lage ist, sich selbst auf ein Ziel hinzuführen, genauso wenig kann ein Kind sich selbst führen. Kinder brauchen von klein auf Führung: „Ein Kind, das man sich selbst überlässt, macht seiner Mutter Schande!" (Sprüche 29,15)

4. Gott will, dass Eltern und Großeltern wissen, dass sich alles, was sie investieren, um das Interesse ihrer Kinder und Enkel für Gott zu wecken und ihren Charakter zu

stärken lohnt! Gott verspricht, dass wir Frucht sehen werden. Wann und wie unsere Bemühungen „aufgehen", liegt in Gottes Hand. Seine Verheißungen sind nicht datiert, aber zuverlässig.

5. Gott verheißt uns, dass unsere Nachkommen für uns und auch für ihr Umfeld ein Grund zur Freude sein werden, wenn wir ihnen – so gut wie möglich – alles vermitteln, was ihm so wichtig ist und dieses auch selber vorleben.

Zum Nachdenken
Gott hat die Ehe geschaffen
und die Familie gegründet.
Lesen Sie dazu 1. Mose 1,26-31.

Denken Sie an Ihr Zuhause, Ihre Herkunftsfamilie –
den Ort, an dem Sie geprägt worden sind.
Können Sie sich noch an einem Augenblick
oder eine Zeit erinnern, in der Sie sich
geborgen fühlten, bestätigt worden sind,
eine gute Lektion gelernt oder mit Ihrer Familie
eine schwierige Zeit durchstanden haben?
Reden Sie gelegentlich mit Ihren Enkeln darüber,
und auch mit ihren Kindern.

Was löst bei Ihnen der Gedanke aus,
dass Erwachsene verantwortlich dafür sind,
die nächste Generation unseres Landes
zu führen und zu prägen?

Herr, dein Ruhm wird niemals enden,
alle Generationen werden
von dir sprechen!

Psalm 135,13

Mehrgenerationenhaus

Wie wohltuend ist es, wie schön, wenn Brüder,
die beieinander wohnen, sich auch gut verstehen!
Das ist wie das gute, duftende Öl,
aufs Haar des Priesters Aaron gegossen,
das hinunterrinnt in seinen Bart bis zum
Halssaum seines Gewandes.
Das ist wie erfrischender Tau vom Hermon,
der sich niedersenkt auf den Zionsberg.
Dort will der Herr seinen Segen schenken,
Leben, das für immer besteht!
Psalm 133

Mein Vater ist zusammen mit seinen Eltern, Großeltern, dreizehn Geschwistern und einigen Angestellten auf einem großen Gehöft aufgewachsen. Bekannte Sprichwörter wie zum Beispiel „Eine Hand wäscht die andere!" oder „Viele Hände machen schnell eine Ende!" entsprachen dem Leben der damaligen Alltagspragmatiker und Großfamilien.

In diesem Haushalt genoss zum Beispiel seine Mutter die Hilfe eines Babysitters, die mit im Haus lebte – seine Oma. Sie war wiederum froh, dass sie noch gebraucht wurde. Seine Oma hatte sich überwiegend um das zweitjüngste Kind gekümmert – auch nachts, während die Mutter sich um das Neugeborene gekümmert hatte. Draußen auf dem Hof, wo unter anderem zwei Mühlen betrieben wurden, war entweder sein Vater, einer seiner älteren Brüder oder einer von den Angestellten immer irgendwo zu finden und ansprechbar. Auch Marcel, der Franzose, der für die Wäsche zuständig war. Einsamkeit war damals ein Fremdwort.

Mein Vater teilte ein Zimmer mit anderen Geschwistern, es gab täglich gemeinsame Mahlzeiten in voller Runde und er kam nach der Schule nie mit einem Schlüssel um den

Hals in ein leeres Haus. Anderseits, wenn man mal ganz alleine sein wollte, musste das WC genügen. Davon gab es leider nur eins im Haus oder als Alternative das Plumpsklo im Garten. Aber wenn man in die große Stadt wollte, gab es genügend Pferde zur Auswahl auf dem „Fuhrpark" vor dem Haus.

Ich selber habe als Kind nur ein halbes Jahr erleben dürfen, was es heißt, mit der Großfamilie unter einem Dach zu leben. Ich bin in Kanada geboren und aufgewachsen und kann mich noch gut daran erinnern, wie die Eltern meiner Mutter aus Deutschland zu Besuch kamen. Da haben wir Schwestern uns jeden Morgen um deren „Fitness-Drink" gekümmert – einen „Smoothie" aus Eiern, Rotwein und Zucker. Und wir haben uns um die alltäglichen Spaziergänge bemüht, die immer den „Corner Store" als Ziel hatten, wo wir uns ein Eis aussuchen durften.

Was ich niemals in meinem Leben vergessen werde ist, dass, nachdem meine Großeltern eingezogen waren, meine Eltern nie wieder den Kochlöffel gefunden haben, vor den wir ordentlich Respekt hatten. Als meine Großeltern schließlich wieder zurück nach Deutschland geflogen sind, wehrte ich mich heulend mit Händen und Füßen dagegen, bis das Flugzeug nicht mehr zu sehen war. Es war so schön alle beisammen zu sein. Was uns von dieser Zeit bleibt, sind die Erinnerungen, Fotos und nicht zuletzt ihre zittrigen Stimmen auf Tonbandaufnahmen mit Liedern, die sie uns gesungen haben.

Derzeit tun sich auch immer mehr Menschen in unserem Land zusammen und leben mit ihrer Großfamilie unter einem Dach. Gründe dafür sind unter anderem finanzielle Bedürfnisse, Kinderbetreuung und die Pflege von kranken oder älteren Familienmitgliedern. Solch ein Mehrgenerationenhaus kann für alle Beteiligten eine großartige Erfahrung sein, wenn man es mit der richtigen Einstellung angeht. Aber wenn persönliche Erwartungen, finanzielle Vereinbarungen und allgemeine Hausregeln nicht zuvor geklärt worden sind, kann ein Mangel an Austausch zu Meinungsverschiedenheiten oder im schlimmsten Fall zur Trennung führen. Eine gute Kommunikation zwischen allen Parteien ist ganz wichtig, damit das Haus ein glücklicher und willkommener Platz für alle ist. Wer das Zusammenleben mit seinen „Allerliebsten" mal ausprobieren möchte, dem empfehlen wir zunächst einmal einen gemeinsamen Urlaub in einem Ferienhaus. Das kann für eine Großfamilie eine „Offenbarung" sein – eine, die viel Weisheit fordert, Weisheit im Sinne von: Gutes Wissen, das zur rechten Zeit umgesetzt wird.

In Ehren ergraut

Ein kleines Mädchen beobachtet ihre Mutter bei der Küchenarbeit. Dabei fällt ihr zum ersten Mal auf, dass ihre Mutter ein paar graue Haare hat.
„Mama, warum hast du graue Haare?"
Die Mutter: „Jedes Mal, wenn du ungehorsam bist oder mich traurig machst, wird ein weiteres Haar grau."
Das Mädchen denkt kurz darüber nach und fragt:
„Mama, warum sind dann Omas Haare fast alle grau?"

Tipps für das Zusammenleben

- Klare Grenzen setzen in Bezug auf Platz und Privatsphäre. Und das Bedürfnis auf Rückzugsmöglichkeiten respektieren, z. B. immer erst klopfen, ehe man das Zimmer oder die Wohnung des anderen betritt.
- Die Frage klären, wann und wie oft Gäste in Frage kommen. Ganz besonders, wenn es um Übernachtungsgäste geht, da diese Situation alle anderen im Haus betrifft.
- Klare Regeln aufstellen in Bezug auf Kostenteilung, Hausarbeit und Instandhaltungsaufgaben. Wer bezahlt was, beziehungsweise wer macht was, wann und wo.
- Klare Richtlinien entwickeln in Bezug auf Kindererziehung, z. B. bezüglich Mahlzeiten und Bettzeit.
- Mit anderen zusammen zu leben und zu arbeiten ist immer eine Herausforderung. Nur weil es um die eigene Familie geht, heißt das nicht, dass es einfacher ist. Ein gutes Miteinander, der offene Austausch über Erwartungen und der gegenseitige Respekt sind Komponente, die zu einer segensreichen Win-win-Situation führen können.

Dort will der Herr seinen Segen schenken –
Leben, das für immer besteht!
Psalm 133,3b

Keine Panik!

Ein älterer Herr liegt auf dem OP-Tisch. Er hat darauf bestanden, dass sein Sohn, ein anerkannter Chirurg, die Operation durchführt. Bevor der Anästhesist kommt, sagt er zu seinem Sohn: „Junge, sei nicht nervös! Gib einfach dein Bestes! Und sollte etwas schief gehen, denk daran, dass deine Mutter zu dir und deiner Familie ziehen wird!"

„Ich habe deinen aufrichtigen Glauben
vor Augen, denselben Glauben,
der schon in deiner Großmutter Lois
und deiner Mutter Eunike lebt
und der nun, da bin ich ganz sicher,
auch in dir lebt."

2. Timotheus 1,5

Das Familienband

Wir leben in einer Zeit, wo viele soziale Veränderungen dazu beitragen, dass die Familie und damit auch die Großfamilie auseinandergerissen werden. Spannungen in Ehe und Familie können dazu beitragen, dass die Großeltern ungewollt ausgegrenzt werden. Dies ist ein Verlust für alle, besonders für die Enkelkinder.

Weise Eltern lassen sich die Weisheit der eigenen Eltern zugutekommen, um die Entwicklung der eigenen Kinder zu fördern. Die Weisheit der Großeltern ist gereift in ihrer Liebe für die Kinder.

Spaßeshalber sagen wir öfters: „Wenn wir gewusst hätten, wie schön es ist, Enkel zu haben, hätten wir sie zuerst bekommen!" Aber es gibt einen tieferen Grund für die Liebe zu den Enkelkindern. Sie entspringt aus der Liebe für unsere Kinder. Denn die Liebe, die ich für meine Kinder habe, ist die gleiche Liebe, die auch sie für ihre Kinder haben. Darum multipliziert sich die Liebe zu den Enkelkindern.

Sie sind wirklich etwas Besonderes. In der Weisheitsliteratur der Bibel steht: „Der Alten Krone sind Kindeskinder, und der Kinder Ehre sind ihre Väter." (Sprüche 17,6) Hier schließt sich ein Kreis. Die Eltern greifen zurück auf die Weisheit der Großeltern. Die Enkel respektieren nicht nur die Eltern, sondern auch die Großeltern. Und Großeltern sind gesegnet mit den Kindern der Kinder.

Dafür müssen Großeltern sich Zeit nehmen, damit sie am Leben der Enkel teilnehmen. Und sie müssen dabei auch die Autorität der eigenen Kinder gegenüber den Enkelkindern respektieren.

„Kinder sind eine Gabe des Herrn!" (Psalm 127,3) Und Enkelkinder sind dies auch.

Offen gefragt!

Bei Kindern weiß man, wo man dran ist. Meistens zumindest. Zum Beispiel wenn unsere Enkel sich freuen: Dann strahlen ihre Augen, sie lachen und springen dabei. Wenn sie sich verletzt haben, dann weinen sie herzzerreißend. Und wenn sie Hunger haben, dann liegen sie uns in den Ohren mit der Frage: „Wann sind die Pommes endlich fertig?"

Egal was sie erleben, sie erleben es echt und ganz! Sie bringen ihre Empfindungen lautstark und ohne Hemmungen zum Ausdruck. Besonders beharrlich kommen ihre Wünsche nach Gummibärchen und Schokolade oder wenn sie eine DVD von „Grüffelo", „Dem tierisch verrückten Bauernhof" oder anderen netten Kinderfilmen gucken wollen. Und wir müssen zugeben, dass sie uns mit ihren bettelnden Augen und ihrer Hartnäckigkeit immer wieder weich kriegen – auch wenn sie manchmal auf die Erfüllung ihrer Wünsche etwas warten müssen.

Bei uns Erwachsenen ist es anders. Und das ist auch gut so! Es muss ja nicht sein, dass wir immer und überall unseren Gedanken, Gefühlen und Reaktionen freien Lauf lassen. Es muss ja nicht sein, dass wir hemmungslos laut lachen und weinen oder sogar anderen lästig werden mit unseren Wünschen und Bitten. Oder doch?

In Lukas 18 zeigt uns Jesus, wie wir immer beten sollen und darin nicht nachlassen dürfen: Er erzählt das Gleichnis von einer Witwe, die immer wieder zu einem unfreundlichen und menschenverachtenden Richter gelaufen kam, weil sie vom ihm die Hilfe erhoffte, die ihr zustand. Lange Zeit wollte der Richter dieser Frau nicht helfen, doch schließlich sagte er: „… weil diese Frau mir lästig wird, will ich dafür sorgen, dass sie ihr Recht bekommt. Sonst kratzt sie mir noch die Augen aus!"

Jesus macht uns mit dieser Geschichte Mut, an unseren Gebetsanliegen dranzubleiben. Denn wenn schon ein korrupter Richter umzustimmen ist, wie viel mehr wird ein freundlicher und gütiger Gott seinen Kindern helfen, wenn sie hartnäckig und beharrlich zu ihm schreien.

Gott freut sich, wenn wir mit ihm und seiner Hilfe rechnen. Nicht umsonst heißt es in Jakobus 4,2: „Ihr verzehrt euch nach etwas, was ihr gerne hättet … ihr versucht es mit Kampf und Gewalt; aber ihr bekommt trotzdem nicht, was ihr wollt, weil ihr Gott nicht darum bittet."

Gott ist auf der Suche nach Menschen, die in Treue auf ihn hoffen und warten. Lernen wir von unseren Enkelkindern und dieser Witwe, was es heißt vertrauensvoll und hartnäckig zu bitten!

Zum Nachdenken

Was wünschen Sie sich
für Ihre Kinder oder Enkel?
Oder für sich selbst?
Gott wartet darauf,
es von Ihnen zu hören.
Bleiben Sie dran.

Zu ehrlich

„Wenn ich einmal groß bin, dann werde ich Ihnen etwas Geld geben",
sagt der kleine Junge zum Pastor.
„Das ist aber lieb von dir!
Aber warum würdest du das tun?"
„Weil mein Opa sagt, dass Sie der armseligste Prediger sind, den er kennt."

„Die gepflanzt sind
im Hause des Herrn,
werden in den Vorhöfen
unsres Gottes grünen.
Und wenn sie auch alt werden,
werden sie dennoch blühen,
fruchtbar und frisch sein."

Psalm 92,14-15

Schwerhörigkeit

„Oma", ruft unsere Enkelin energisch, als ich nicht sofort auf ihre Bitte reagiere, „kannst du oder willst du mich nicht hören?" Mit dieser Frage liegt sie gar nicht so falsch, denn immerhin haben in Deutschland knapp 20% der Gesamtbevölkerung über 14 Jahren keine „normale" Hörschwelle mehr. Und naturgemäß nimmt der Anteil an Schwerhörigen mit zunehmendem Alter zu. Aber das ist nichts Neues. Schon Salomo schrieb in Prediger 12: „Denk an deinen Schöpfer, solange du noch jung bist, ehe die schlechten Tage kommen und die Jahre, die dir nicht gefallen werden … dann werden deine Arme, die dich beschützt haben, zittern, und deine Beine, die dich getragen haben, werden schwach. Die Zähne fallen dir aus, einer nach dem anderen; deine Augen werden trüb und deine Ohren taub."

Noch sind wir recht gut zu Fuß und dank einiger zahnärztlicher Eingriffe fällt uns das Essen keineswegs schwer! Auch unsere Sehkraft ist durch die Hilfe einer Gleitsichtbrille recht gut. Aber hören? Wie gut hören wir wirklich das, was andere uns sagen wollen – egal wie laut sie sprechen? Oder wie taub sind wir für das, was Gott uns sagen will – egal wie oft er es uns schon gesagt hat?

Bei der Frage unserer Enkelin fühlte ich mich ertappt. Ihre Frage war durchaus berechtigt. Es gibt Situationen, in denen wir ganz bewusst nicht hören, sprich: zuhören wollen. Manchmal liegt es daran, dass wir nur abschalten oder unsere eigenen Gedanken und Pläne verfolgen möchten. Ein anderes Mal liegt es daran, dass wir nicht mögen, was wir hören. Es passt einfach nicht in unser Denken hinein. Oder wir hören nicht zu, weil wir davon ausgehen, dass wir, was uns gesagt wird, sowieso nicht verstehen werden.

So ähnlich ging es den Jüngern, als Jesus ihnen sagte, dass

Es hört doch
jeder nur,
was er versteht.

Johann Wolfgang
von Goethe

er leiden, sterben und auferstehen würde. In Lukas 18,34 heißt es: „Die Zwölf verstanden kein Wort. Was Jesus sagte, blieb ihnen verborgen; sie wussten nicht, wovon er sprach."

Die Jünger Jesu hatten nichts kapiert, obwohl Jesus es ihnen schon mehrmals gesagt hatte. Sie hatten seine Gedanken verworfen, weil sie ganz andere Erwartungen und Vorstellungen an ihre Zukunft mit ihm hatten. Ihre Schwerhörigkeit lag daran, dass sie in ihrem Denken falsch und festgefahren waren. Sie hatten einen kämpferischen Retter erwartet, der so wie ein Superheld auf einem weißen Pferd daherkommt und alles gut macht. Was sie sich keinesfalls vorstellen konnten und wollten, war ein blutender, sterbender Messias am Kreuz.

Manchmal ist es durchaus an der Zeit für ein Hörgerät oder zumindest dafür, dass wir unsere Ohren durchspülen lassen, damit wir die Menschen um uns herum gut verstehen können. Aber manchmal ist es dran, dass wir unsere eigenen Erwartungen und Vorstellungen loslassen, damit wir uns nicht selbst im Weg stehen. Oder aber auch, dass wir ein falsches Gottesbild loslassen, damit Gott wieder in unser Leben hineinreden und -wirken kann, auch wenn es uns nicht gleich in den Kram passt. Dafür brauchen wir offene Ohren! Gott redet manchmal durch andere Menschen zu uns – auch durch unsere Enkelkinder!

Bitten Sie Gott, Ihre Erwartungen und Vorstellungen zu prüfen, damit sie immer ansprechbar bleiben. Das hat David schon in Psalm 139,23-24 vorbildlich getan. Er schrieb: „Durchforsche mich, Gott, sieh mir ins Herz, prüfe meine Wünsche und Gedanken! Und wenn ich in Gefahr bin, mich von dir zu entfernen, dann bring mich zurück auf den Weg zu dir!" Diese Bitte ist der erste Schritt zu einem besseren Hörvermögen.

Einfach mal zuhören

Ein älterer Herr hatte schon seit einigen Jahren ernsthafte Hörprobleme. Schließlich ging er zum Arzt und bekam ein Hörgerät, das sein Hörvermögen zu 100% wiederherstellte.
Bei einer Kontrolluntersuchung sagte der Arzt: „Ihr Hörvermögen ist wirklich perfekt. Ihre Familie ist bestimmt begeistert, dass sie wieder so gut hören können!"
„Ach wissen Sie", sagte der Mann, „das habe ich meiner Familie noch nicht erzählt. Ich sitze einfach da und höre ihren Unterhaltungen zu. Ich habe inzwischen mein Testament schon dreimal geändert!"

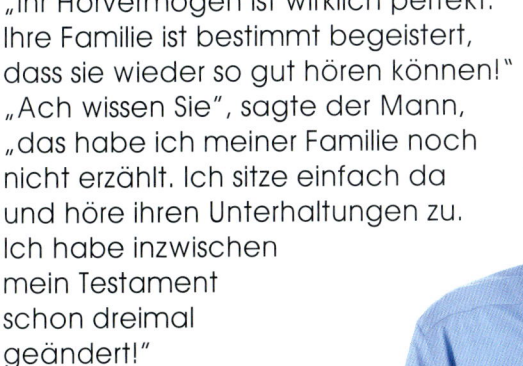

Opas Wunschliste

Die Zeiten ändern sich und das bringt viele Vorteile mit sich. Wir „Senioren" bleiben länger gesund und leben länger. Durch die sozialen Netzwerke erweitern sich unsere Möglichkeiten miteinander in Verbindung zu bleiben. Da in unserer Gesellschaft beide Elternteile oft berufstätig sind, haben wir Großeltern heute mehr Einfluss auf unsere Enkel als die Generationen vor uns. Das ist ein Vorrecht und eine Verantwortung. Deshalb mache ich mir Gedanken darüber, wie ich diesen Einfluss nutzen möchte.

Ein Leben ohne Glauben kann ich mir nicht vorstellen. Diese Beziehung zu Jesus gibt meinem Leben Sinn, Halt, Hoffnung und Kraft. Das haben wir unseren Kindern vorgelebt und das möchten wir auch unseren Enkelkindern vorleben. Unsere Kinder und auch Enkel wissen, dass wir nicht perfekt sind. Aber sie sollen erleben, dass wir uns entschuldigen können und wieder versöhnen. Dass wir nicht alles schaffen, aber für alles beten. Dass wir unsere Zukunft nicht kennen, aber dem vertrauen, der unsere Zukunft in seiner Hand hält.

Über den Glauben hinaus gibt es noch manches, das ich mir wünsche –nicht für mich, sondern für meine Enkel. Es sind die Dinge, die ich gerne in ihr Leben einbringen möchte. Und ich weiß, dass wenn ich diese Geschenke an meine Enkel weitergebe, auch ich reich beschenkt bin.

1. Familiengeschichte

„Opa, bitte erzähle uns, wie das war, als du klein warst." Einer solchen Bitte komme ich gerne nach. Kinder, die ihre Familiengeschichte kennen, erleben dies als etwas, das auch ihrem Leben Halt gibt. Es stärkt das Bewusstsein der Zugehörigkeit, baut das Selbstwertgefühl auf und trägt dazu bei, eine emotionale Stabilität zu entwickeln. Dazu muss ich sagen, dass ich jetzt auch die Chance habe, den Enkeln zu erzählen, was ihre Eltern so als Kinder gemacht und auch angestellt haben. Das stärkt auch die Beziehung der Kinder zu den Eltern.

2. Erinnerungen

Zu meiner schönsten Kindheitserinnerung gehören unsere Männertage. Da war unser Vater nur mit uns Jungs nach Köln gefahren und wir hatten einen Tag nur für uns. Dazu gehörte ein Besuch in einem Museum oder im Kino, genauso wie das Aussuchen eines Spielzeugs und ein leckeres Mittagessen. Entscheidend waren aber die Gespräche über das Museum, den Film oder was uns sonst noch bewegte.

Solche besonderen Momente, die wünsche ich mir auch für meine Enkel. Damit kann man schon sehr früh anfangen. Im Moment sind unsere Enkel zum Teil sehr klein, doch haben wir unseren Spaß bei den Autofahrten unsere Sätze immer in Reimen zu sprechen. Da kommt viel Lustiges bei raus. Sogar die Dreijährige macht schon mit und es gibt viel zu lachen. Dieses frohe und unbekümmerte Lachen ist auch meine Erinnerung.

3. Zeit

Als Vater habe ich die Erfahrung gemacht, wie schnell die Zeit mit den eigenen Kindern verflogen ist. Für vieles hätte ich mir mehr Zeit nehmen sollen. Bei den Enkeln bietet sich eine neue Chance Zeit zu investieren. Manches dauert länger mit den Enkeln, z.B. wenn wir ums Haus herum werkeln. Doch haben wir es gemeinsam gemacht und das tut uns allen so gut.

4. Ermutigung

Zu unserem Erfahrungsschatz gehört die unterschiedliche Entwicklung unserer Kinder. Wir wissen, dass – genau wie bei unseren Kindern auch – jedes unserer Enkelkinder in besonderer Weise begabt ist. Diese Begabungen wollen wir fördern und den Enkeln helfen, nicht nur auf die Fähigkeiten der anderen zu schauen, sondern die eigenen zu entdecken. Dazu gehört es, sie zu ermutigen, in diese Gaben zu investieren. Mit Lob, Anerkennung und praktischer Hilfe können wir unsere Enkelkinder auf ihrem Weg begleiten ... und sie uns!

Enkelmund

Ein Mädchen schaut sich Opas Gesicht an. Abwechselnd streichelt sie ihre Wange und seine. Schließlich fragt sie: „Opa, hat Gott dich gemacht?"
„Ja, Gott hat mich gemacht, doch das ist schon eine Weile her." „Hat Gott mich auch gemacht?"
„Ja, dich hat Gott vor Kurzem gemacht."
Sie berührt noch einmal beide Gesichter:
„Gott wird immer besser, nicht wahr Opa?"

Frederik und seine Eltern sind bei Oma und Opa zum Essen eingeladen. Alle sitzen um den Tisch und das Essen wird herumgereicht. Frederik fängt sofort an zu essen. „Aber Frederik", sagt die Mutter, „bitte warte bis wir gebetet haben!"
„Das brauch ich doch nicht", meint Frederik.
„Aber sicher doch. Zu Hause beten wir immer vor dem Essen", entgegnet die Mutter.
„Ja, Mama, das ist bei uns zu Hause. Jetzt sind wir aber bei Oma und sie kann kochen!"

Eine Enkelin schaut zu, wie ihre Oma sich Feuchtigkeitscreme ins Gesicht einreibt.
„Was machst du denn da?", will sie wissen.
„Ich möchte schön werden", sagt die Oma und wischt die überflüssige Creme ab.
Darauf die Enkelin erstaunt: „Gibst du schon auf?"

Ermutigende Bibelverse für Großeltern

Ich bleibe derselbe in alle Zukunft! Bis ihr alt und grau werdet, bin ich es, der euch schleppt. Ich habe es bisher getan, und ich werde es auch künftig tun. Ich bin es, der euch trägt und schleppt und rettet! Jesaja 46,4

Es sind die Söhne, die Gott mir hier in Ägypten geschenkt hat, erwiderte Josef. Bring sei her, sagte Jakob, ich will sie segnen! Jakob zog sie an sich, umarmte und küsste sie. Er sagte zu Josef: Ich hätte nie geglaubt, dich wiederzusehen, und jetzt lässt Gott mich sogar noch deine Kinder sehen!
1 Mose 48,9-11

Ich habe ein langes Leben hinter mit; nie sah ich Menschen von Gott verlassen, die ihm die Treue halten, und nie ihre Kinder auf der Suche nach Brot. Alle Tage können sie freigebig leihen, und an ihren Kindern zeigt sich Gottes Segen!
Psalm 37,25-26

Alle, die Gott die Treue halten, wachsen auf wie immergrüne Palmen und werden groß und stark wie Libanonzedern. Weil sie in der Nähe des Herrn gepflanzt sind, in den Vorhöfen am Tempel unseres Gottes, wachsen und grünen sie immerzu. Noch im hohen Alter tragen sie Frucht, immer bleiben sie voll Saft und Kraft! Psalm 92,13-15

Weißes Haar ist ein ehrenvoller Schmuck; denn langes Leben ist der Lohn für Menschen, die Gott die Treue halten.
Sprüche 16,31

Ein guter Mensch kann seinen Besitz auf Kinder und Enkel vererben! Sprüche 13,22

Wie glücklich
ist ein Mensch,
der den Herrn achtet und ehrt und
große Freude hat an Gottes Geboten!
Seine Nachkommen werden mächtig
im Land; denn wer dem Herrn
gehorcht, dessen Kinder
segnet er.

Psalm 112,1-2

Von den großen und kleinen Sorgen

Obwohl wir alle davon ausgehen, dass morgen alles wie gewohnt weitergehen wird, sitzt unter der dünnen, zerbrechlichen Schicht von Unterhaltung und Konsum doch immer wieder die Frage: Was kommt auf uns zu? Wie wird es mit uns und der nächsten Generation weitergehen?

Eins steht fest: Es wird Veränderungen geben, denn Veränderungen und Entwicklungen hat es schon immer gegeben. Wenn wir nur mal zurückschauen, dann wird uns schnell bewusst, wie viele Veränderungen und wie viele noch nie dagewesene Quantensprünge uns die letzten 150 Jahre gebracht haben.

Beispiele: Das Automobil wurde erfunden, die elektrische Beleuchtung eroberte die ganze Welt und der Mensch unternahm den ersten Spaziergang auf dem Mond. Das Telefon hatte sich „doch" durchgesetzt, obwohl ein internes Memo der Telegraphen-Gesellschaft 1876 noch behauptete: „Dieses sogenannte Telefon hat zu viele Mängel, um wirklich als Kommunikationsmittel verwendet werden zu können. Das Gerät ist für uns seiner Natur nach wertlos." Auch die Zeit der stummen Schauspieler nahm ein Ende, obwohl Herr Warner von der Filmgesellschaft „Warner Brothers" noch 1927 trotzig meinte: „Wer zum Kuckuck will einen Schauspieler schon reden hören?" Vieles andere wurde doch noch erfunden, obwohl ein Mitglied des US-Patentamtes 1899 schrieb: „Alles, was je erfunden werden konnte, wurde bereits erfunden!"

Und wenn wir einen Blick in die letzte Vergangenheit machen, dann sehen wir, dass Ende der 70er Jahre Uni-Einsteiger keine Ahnung hatten, was ein PC ist. Mal ehrlich, wer von uns hätte damals gedacht, dass wir eines Tages anhand eines Computers, Smart Phones oder iPads kommunizieren, einkaufen, Filme schauen, fotografieren usw. würden. Noch 1977 gab es in unseren Häusern keine Videorekorder, DVDs, Satellitenschüsseln oder auch nur Anrufbeantworter! Wer damals einen Hang zur Technologie hatte, galt als Exot.

Fazit: Unser Alltag verläuft so vollkommen anders, als alles, was wir uns als Jugendliche von unserer Zukunft vorgestellt haben. In Anbetracht dessen, ist es kein Wunder, wenn wir ganz gespannt auf das Morgen schauen und fragen: Was kommt noch auf uns und unsere Nachkommen zu?

Einiges wird uns im Blick auf unsere Zukunft vermittelt. Soziologen sagen uns, dass wir bei unseren unbegrenzten Wahlmöglichkeiten im Hinblick auf Konsum, Bildung, Freizeitgestaltung und Religion zunehmend Sorge haben werden irgendetwas zu verpassen. Naturwissenschaftler sagen uns, dass die Zerstörung der Erde tatsächlich möglich ist durch Überbevölkerung, Umweltzerstörung, Atomunfälle oder Atomkriege. Historiker sagen uns, dass wir am Ende einer Kultur stehen, die sich durch moralische Maßlosigkeit selbst umbringen wird. Und Astrophysiker sagen uns, dass die Sonne irgendwann verlöschen wird und dass damit kein Leben auf diesem Planeten mehr möglich sein wird.

Diese Angst vor dem Morgen betrifft aber nicht nur Soziologen und Naturwissenschaftler, sondern sie betrifft auch die ganz persönliche Lebenssituation vieler Menschen. Auch unsere. Da ist der Vater, dessen Arbeitsplatz es bald nicht mehr geben wird. Da ist die Oma, die im Rucksack ihres Enkels Alkohol, Drogen oder rechtsradikale Literatur gefunden hat. Da ist die Mutter, die keinen Zugang mehr findet zu ihrem Kind, weil es nur noch übers Internet kommuniziert.

All diese Menschen sind besorgt und fragen sich: „Kommt für mich ein Ende von all dem, was ich bislang kannte, mochte und worauf ich vertraute? Kommt für mich ein Anfang von etwas, dass ich vielleicht niemals verstehen werde? Haben unsere Nachkommen überhaupt noch eine Zukunft?"

Tatsache ist, dass sich die meisten von uns keine so großen Gedanken über die Zukunft der Technologie, Umwelt oder Politik machen, sondern vielmehr um unsere Gegenwart. Manchmal haben wir so viel zu tun, dass wir gar nicht über die nächsten Tagen hinaus denken können. Die meisten unserer Sorgen um Morgen haben mit den Veränderungen unserer persönlichen Lebenssituation zu tun oder die unserer Allerliebsten.

Ein Sprichwort sagt: „Lebensumstände sind wie ein großes Federbett: Angenehm, wenn du oben auf bist, aber erdrückend, wenn du unter ihnen begraben liegst." Vielleicht erdrückt Sie zurzeit ein schweres Federbett und damit meine ich nicht so etwas wie „Peladophobia", die Sorge eine Glatze zu bekommen, sondern eher, dass Sie sich gute Ziele gesteckt, aber noch nicht erreicht haben.

Gott tröstet

„Unser Enkel weint. Seine Schwester (2 ½) streichelt ihn und erklärt den Anwesenden im Raum: „Ich tröste ihn. Ich bin sein Gott!"

Vielleicht haben Sie alles getan um eine

gute Oma oder ein guter Opa zu sein – aber Sie versagen immer wieder in dieser Rolle. Vielleicht möchten Sie gerne erfolgreicher sein in ihren Rollen und Aufgaben, aber Sie erleben das Gegenteil. Vielleicht möchten Sie einfach angenommen und geliebt sein, aber Sie stellen fest, dass Sie öfters gleichgültig oder sogar lieblos behandelt werden. Oder es sind Ihre Lebensumstände, die Ihnen Mühe machen. Eine Krankheit, durch die Sie vielleicht Ihre Mobilität und Selbstständigkeit verlieren könnten oder dass Sie abhängig werden könnten von den eigenen Kindern oder Enkeln. Vielleicht haben Sie Sorge, dass Sie eines Tages ausgegrenzt, vergessen und nicht mehr gebraucht werden von Ihren Nachkommen.

Es gibt viele Dinge, Menschen und Umstände, die uns Sorgen machen können. Unser Leben in dieser Welt ist untrennbar verbunden mit Erfahrungen, die uns nicht schmecken. Das beginnt in der Kindheit und hört im hohen Alter nicht auf. Was tun?

Unsere kleinen Enkel können wir gut trösten. Unser Trost vermittelt ihnen, dass es etwas gibt, das stärker als die Angst ist, nämlich Vertrauen und Geborgenheit. Aber die Sorgen, mit denen wir als Erwachsene oder unsere großen Enkel zu tun haben, die lassen sich nicht zu schnell verscheuchen.

Wenn wir auf unser Können oder das Können unserer Partner oder Freunde schauen, stellen wir fest, dass das immer begrenzt ist. Wie tröstlich bleibt es für uns zu wissen und zu erfahren, dass es jemanden über uns gibt: Gott. Wenn wir auf ihn schauen, anstatt auf die herausfordernden Veränderungen oder das, was uns so bedrohlich scheint, dann werden unsere Sorgen immer kleiner. Gott selber verspricht uns ganz viel – und er steht auch zu all seinen Verheißungen. Wir dürfen sie für uns und unsere Enkel in Anspruch nehmen und unser Leben darauf bauen:

Er liebt uns bis an Ende der Welt.

In Matthäus 28,20 sagt Jesus uns: „Siehe ich bin bei euch [bei euch und euren Enkeln], bis ans Ende der Zeit!" Das heißt: Inmitten des ökologischen und moralischen Zerfalls stiftet Gott immer wieder heile Welt. Trotz unserer Fehler bleibt Gottes Liebe. Je mehr wir Gott kennen lernen, umso mehr erkennen und erleben wir seine Liebe in unserem Leben. Sie bleibt und nimmt uns die Sorge um Morgen.

Gott hat immer und überall alles im Griff.

In Psalm 142,4 gibt David Zeugnis von Gottes Allmacht: „Auch wenn ich selbst allen Mut verliere, du, Herr, weißt, wie es mit mir weitergeht!" Gott hat immer alle Fäden in der Hand. Nichts kommt in unser Leben, was er nicht zulässt. Er weiß, was er uns zumuten kann. Und auch wenn wir nicht wissen, wozu manches gut ist, wir können wissen, dass Gott es weiß. Und er weiß auch, wie es für uns weitergehen kann. Gott sticht so manches Loch in unsere Dunkelheit. Manchmal bringt Gott Ruhe in unsere Situation, manchmal beruhigt er uns. Das nimmt uns die Sorge um Morgen.

Gott ist ein Gott der unbegrenzten Möglichkeiten.

In Jesaja 55,8 sagt Gott: „Meine Gedanken sind nicht zu messen an euren Gedanken und meine Möglichkeiten nicht an euren Möglichkeiten. So hoch der Himmel über der Erde ist, so weit reichen meine Gedanken hinaus über alles, was ihr euch ausdenkt, und so weit übertreffen meine Möglichkeiten alles, was ihr für möglich haltet." Bei Gott sind alle Dinge möglich, auch wenn wir meinen, es gebe nichts mehr zu retten. Gott hat ein unerschöpfliches Potential, in unsere Lebensumstände und Gefühle einzugreifen – und er tut es auch. Das nimmt uns die Sorge um Morgen.

Wenn Sie sich Sorgen über Morgen im Blick auf sich selbst oder Ihre Enkel machen, vergessen Sie nie: Gott hat immer und überall alle und alles im Griff. Sagen Sie ihm, wo der Schuh drückt und vertrauen Sie darauf, dass er zu seinem Wort steht in Ihrem Leben.

Gott hat seine Engel ausgesandt,
damit sie dich schützen, wohin du auch gehst.
Sie werden dich auf Händen tragen,
und du wirst dich nicht einmal
an einem Stein verletzen!
Psalm 91,11-12

Nur das Wichtigste

Im Kindergottesdienst wurden die Kinder beauftragt den Psalm 23 auswendig zu lernen. Dafür hatten sie einen Monat Zeit. Ein Junge fand die Aufgabe toll, konnte sich aber den Psalm einfach nicht merken. Obwohl er sich sehr viel Mühe gegeben hatte, schaffte er es nicht, mehr als den ersten Vers zu behalten. Am Tag, als die Kinder den 23. Psalm im Gottesdienst vortragen sollten und er an der Reihe war, ging er selbstbewusst ans Mikrofon und sagte: „Der Herr ist mein Hirte. Das ist alles, was ich wissen muss!"

Eine ganz besondere Verantwortung

Dürfen und sollen Großeltern in das Leben ihrer Kinder und Enkelkinder hineinreden? Das Alte Testament ist so lebensnah! Hier finden wir wahre Lebensgeschichten über Menschen, wie „du und ich". Schöne Geschichten mit einem Happy End, aber leider auch solche mit einem unglücklichen Ende. Von beiden können wir viel lernen, denn es gibt „nichts Neues unter der Sonne". Friedrich von Schiller hat mal gesagt: „Willst du dich selber erkennen, so sieh, wie die andern es treiben! Willst du die andern verstehen, blick in dein eigenes Herz."

Traurige Geschichten gibt es viele in der Bibel. Zum Beispiel die Geschichte über die Familie von Eli in 1. Samuel 2-3. Da hat es ganz schön gekriselt. Eli, Vater von zwei Söhnen, hatte zwei angesehene Jobs, die ihn sehr forderten. Er war Richter und Priester – also ein religiöser Mann in der Öffentlichkeit. Außerdem wissen wir, dass Eli an diesem Punkt der Geschichte alt war – fast blind. Das heißt, seine Söhne waren keine kleinen Kinder mehr – höchstwahrscheinlich selber schon Väter. Beide hatten den Beruf ihres Vaters übernommen. Sie waren Priester. Aber im Charakter waren sie ganz anders als ihr Vater. Sie waren rebellisch und beratungsresistent. Sie hatten das Priesteramt missbraucht und führten ein unmoralisches Leben. Damit hatten sie Gott sehr beleidigt und schwere Schuld auf sich geladen. In der Bibel heißt es, dass Eli mehrmals in Bezug auf den Lebensstil seiner Kinder gewarnt wurde, und das sogar von mehreren Seiten. Zuerst von der allgemeinen Öffentlichkeit (1. Samuel 2,22-24). Hier lesen wir, dass es kein Geheimnis war, wie schlimm Elis Söhne es trieben. Alle wussten es. Eli auch. Keiner hat Eli im Dunkeln gelassen. Als zweites wurde Eli durch einen Prophet gewarnt (1. Samuel 2,29b) und zuletzt auch noch durch Gott höchstpersönlich (1. Samuel 3,11-12). Hier wird klar, dass Eli wusste, dass seine Söhne Gott beleidigten und trotzdem hat er sie nicht daran gehindert. Deshalb hatte Gott ihn und seine Söhne zur Rechenschaft gezogen.

Nach Gottes Beurteilung besteht die Feuerprobe eines guten Vaters oder guten Mutter – egal wie alt sie sind – nicht in ihren sozialen Kompetenzen in der Öffentlichkeit oder in ihren Führungsqualitäten im Beruf, sondern darin, ob sie Gott ernst nehmen und Verantwortung übernehmen, wenn es in ihrer eigenen Familie drüber und drunter geht. Anstatt, dass Eli seine Söhne ernsthaft damit konfrontiert hat, gab er ihnen zu viel Freiheit und hat Ungutes geduldet. Für Eli war das Erfüllen der Wünsche seiner Söhne wichtiger, als das Erfüllen von Gottes Willen. Indem er die Dinge einfach laufen ließ, hat er sie automatisch gebilligt. Danach ging es in seiner Familie bergab.

Wo war Eli gewesen als seine Kinder klein waren? Warum hatte er nicht früh genug eingegriffen? Hatte sein Fokus zu sehr auf seiner Arbeit oder seiner Anerkennung gelegen und weniger auf seiner Familie? Hatte er vielleicht gedacht, dass er sich eines Tages um sie kümmern würde, wenn er nicht so beschäftigt sein würde? Oder wollte er es nicht wahrhaben oder nicht einsehen, dass seine Kinder etwas tun, das Gott beleidigt und ihnen selbst schadet? War er mit den Jahren auch beratungsresistent gegenüber Gottes Warnungen geworden? Fragen über Fragen! Nicht umsonst werden wir in der Bibel ermutigt, unsere Kinder – und gemäß dieser Geschichte auch unsere erwachsenen Kinder – liebevoll, aber auch ernsthaft darauf hinzuweisen, wenn sie auf dem falschen Weg sind. Wie unsere Kinder oder Enkel dann auf unsere Korrektur reagieren, liegt in ihrer Verantwortung. In Sprüche 19,18 steht: „Erzieh deine Kinder, während sie noch jung genug sind um zu lernen. Wenn du es nicht tust, hilfst du ihnen, sich selbst zu zerstören!"

Es gibt viele Wege, wie Gott zu uns Menschen redet und es ist ganz wichtig, dass wir sein Reden ernst nehmen und auch dankbar sind für Menschen, die uns aufmerksam machen auf die Dinge, die in unserem oder im Leben unserer Kinder und Enkel nicht gut sind. Ignorieren oder Schönreden hilft niemandem. Wo wir aus Bequemlichkeit oder Angst vor einem Konflikt schweigen, bekommt der „andere" keine Chance sich zu bessern. Auch das ist gemeint mit „Einer trage die Last des anderen" oder „das Wohl des anderen vor Augen behalten". Es gehört zur wahren Liebe, auch wenn es manchmal weh tut.

So sind wir nun Botschafter an Christi statt,
denn Gott ermahnt durch uns;
so bitten wir nun an Christi statt:
Lasst euch versöhnen mit Gott!
2. Korinther 5,20

Seht zu, dass ihr für den anderen, wo es nötig ist,
ein gutes Wort habt, das weiterhilft
und denen wohltut, die es hören."
Epheser 4,29

Die Liebe sei ohne Falsch.
Hasst das Böse, hängt dem Guten an!
Römer 12,9

Ganz unglaublich

Eine Oma fragt ihren Enkel, was er im Kindergottesdienst gelernt habe.

„Na ja", sagt er, „sie haben uns erzählt, wie Gott
Mose auf eine Rettungsmission hinter die feindlichen
Linien geschickt hat, um das Volk Israel zu befreien.
Als Mose ans Rote Meer kam, ließ er seine Soldaten
eine Schwimmbrücke bauen und das ganze Volk
überquerte das Rote Meer, ohne nasse Füße zu kriegen. Dann hat er sein Hauptquartier angefunkt und
um Luftunterstützung gebeten. Sie schickten Bom-
ber, um die Brücke in die Luft zu sprengen, und alle
Israeliten wurden gerettet."

„Aber Kind, hat man euch das wirklich so erzählt?",
wollte die Oma wissen.

„Natürlich nicht! Aber, wenn ich dir sage, was uns
erzählt worden ist, würdest du es erst recht nicht
glauben!"

Ganz unschuldig

Unsere Enkelin (5) hat
ein neues Argument,
das sie zu allen
Gelegenheiten einsetzt,
wenn sie ermahnt wird.
„Aber Mama", sagt sie,
„Gott hat mich so
gemacht. Ich KANN
ja nix dafür!"

Aus dem Munde unserer Enkel

Unsere Enkelin erzählt die Geschichte von der Speisung der 5000: „Die hatten nur 5 Brote und 2 Fische und das reichte gar nicht für alle. Aber dann hat Gott gewundert und dann war es plötzlich ganz viel!"

Unsere Kinder unterhalten sich darüber, dass jeder Mensch einmal sterben muss. Daraufhin unsere Enkelin: „Nein, die Oma Doris nicht! Die hat so eine Creme und wenn man die nimmt, muss man nicht sterben!"
(Nach einer Weile wird klar, dass ich ihr erzählt habe, dass ich Anti-Ageing Creme benutze, um nicht „alt" zu werden.)

Unsere Schwiegertochter soll eine Schraube für unsere Enkelin (3½) lösen, schafft es aber nicht. „Da müssen wir nachher den Papa fragen, damit er uns hilft!" Unsere Enkelin: „Du brauchst Hilfe? Du bist doch die Mama!?"

Unser Enkel blödelt rum: „ ... dann werde ich in die Plastik-Mülltonne geworfen!" Seine Mama: „Bist du denn aus Plastik?" Er: „Nein." Sie: „Aus was bist du denn?" Er zieht sein Hosenbein hoch, guckt sich sein Bein an und antwortet: „Aus Wurst!"

Unsere Schwiegertochter ist mit unseren Enkeln unterwegs im Auto. Draußen ist es schon dunkel. Unsere Enkelin (3) sagt: „Mama, sollen wir spielen ‚Ich sehe was, was du nicht siehst, und das ist grün?'" Unsere Schwiegertochter: „Aber es ist doch dunkel. Da ist doch alles schwarz".
„Ok. Dann spielen wir ‚Ich sehe was, was Du nicht siehst und das ist schwarz!'"

Unsere Schwiegertochter bekommt eine Tüte Kekse mit der Aufschrift „Nervennahrung".
Unser Enkel: „Was steht da drauf?"
„Nervennahrung."
„Wieso? Bist Du genervt?"

Was uns prägt, geben wir prägend weiter!

Es ist kein Geheimnis, dass die Wurzel vieler Probleme in unseren Familien auf das Wegbrechen unserer Grundwerte zurückzuführen ist. Wenn wir als Großfamilien zusammenhalten, Probleme lösen und die nächste Generation richtig prägen wollen, dann müssen wir selber wissen, woher wir kommen, wer wir sind, was uns wichtig und wertvoll ist und wohin unsere Lebensreise gehen soll. Wenn wir unsere Werte kennen, dann können wir Prioritäten setzen.

Das Ermutigende ist, dass immer mehr Menschen erkennen, dass Konsum, technische Brillanz oder freizügiger Genuss die bewährten, christlichen Werte nicht ersetzen können. Werte wie Glaubwürdigkeit, Verantwortung, Gerechtigkeit, Solidarität und Verantwortung, die Jesus uns gelehrt und vorgelebt hat. Grundwerte, die unser persönliches Handeln in allen Lebensbereichen betreffen. Erfreulicherweise betrachten eine Mehrheit der verschiedenen Religionen, Konfessionen und Weltanschauungen diese Grundwerte als wegweisend.

Aber was genau sind christliche Werte? Wie können wir unseren Enkeln erklären, was „christlich" ist? Christlich ist, was von Jesus Christus kommt. Und Jesus hatte seine Entscheidungen im Gespräch mit Gott – seinem Vater im Himmel – vorbereitet und dann auch so gehandelt, wie Gott es ihm gezeigt hat. Christliche Werte werden Realität in unserem Leben, wenn wir Jesus nachfolgen und wenn wir erwarten, dass Gottes Geist uns auf diesem Weg führt, lehrt und korrigiert. Dann werden wir zu Großeltern, die sich um die Schwachen in unserer Familie kümmern, die deren Bedürfnisse wahrnehmen und nach Lösungen suchen, die dem Wohl aller Kinder und Enkel dienen. Indem wir uns verändern, können wir die Welt um uns herum verändern. Was uns prägt, geben wir dann prägend weiter.

Der Apostel Paulus hat die christlichen Grundwerte in 1. Korinther 13,13 kurz und knapp zusammengefasst: Glaube, Liebe und Hoffnung. Von diesen drei lassen sich die weiteren Werte ableiten, die in unserem Leben so wichtig sind.

Der Glaube
Er wird durch unsere Persönlichkeit eingebracht: Glaubwürdigkeit, Verantwortung und Selbstbeherrschung.

Die Liebe
Sie wird durch unsere Tätigkeit ausgelebt: Wertschätzung, Gerechtigkeit und Solidarität.

Die Hoffnung
Sie wird durch unsere Ziele vermittelt: Nachhaltigkeit, Zielorientierung, Frieden.

Wenn wir unser Leben auf Gottes Grundwerte aufbauen, dann werden wir als Großeltern immer wieder den Konsens und nach Lösungen und Frieden suchen. Frieden mit Gott und unserer Familie. Wir werden uns einsetzen, wo Hilfe gebraucht wird und jeden in der Familie achten als Menschen, den Gott auch geschaffen hat und liebt.

Unsere größte Überzeugungskraft als Großeltern in der Vermittlerrolle von Gottes Grundwerten liegt in unserer Eigenüberzeugung. Wenn wir das vertreten, wovon wir überzeugt sind, dann haben wir eine natürliche Autorität, eine starke Ausstrahlung.

„Behaltet die Gebote (Gottes) im Gedächtnis,
die ich euch heute verkünde!
Präge sie euren (Enkel-)Kindern ein,
und sagt sie euch immer wieder vor –
zu Hause und auf Reisen,
wenn ihr euch schlafen legt
und wenn ihr erwacht.
Bindet sie euch zur ständigen Erinnerung
an den Arm und auf die Stirn.
Schreibt sie auf die Türpfosten eurer Häuser
und auf die Tore eurer Städte.
5. Mose 6,6-7

Abgeguckt

Unser Sohn (3) war zu Besuch
bei seiner Oma in Kanada.
Er saß auf ihren Schoß
und war am popeln.
Da sagte Oma: „Das tut man nicht."
Darauf Steffen:
„Dürfen das nur große Leute!"

Wenn die Hölle los ist,
ist der Himmel ganz nah!

Alles war ruhig. Die Tage und Wochen liefen geregelt. Unsere Kinder waren erwachsen und gingen ihren Weg. Einer studierte in Südafrika, der andere in Karlsruhe. Es gab erfreulicherweise weniger zu waschen, kochen und putzen. Wir konnten essen wann und was wir wollten. Es gab niemanden mehr im Haus, der über ein Pfannengericht mit Pilzen gemeckert hatte. Und wenn wir nach einem Wochenenddienst nach Hause kamen, haben wir unser Haus so vorgefunden, wie wir es verlassen hatten. Daran konnten wir uns sehr schnell gewöhnen.

Also entschieden wir uns nach zwei Jahren, dass auch ich jetzt Vollzeit in die missionarische Arbeit bei Neues Leben einsteigen sollte. Aber kurz nach Beginn dieser neuen Lebensphase, kam unerwartet die Nachricht von beiden Söhnen: „Unsere Zukunftspläne haben sich geändert, wir ziehen wieder nach Hause!"

Auf einmal war unsere innere und äußere Ruhe zum Chaos geworden. Wie sollten wir das alles schaffen? Unsere Terminkalender waren beide voll mit Dienstreisen. Hatten wir Gott falsch verstanden? Und sollten wir uns nicht freuen, dass unsere „großen" Kinder wieder nach Hause ziehen wollten? Das ist doch eigentlich ein Kompliment!

Aber wir konnten uns nicht wirklich freuen. Das passte nicht in unsere Pläne. Alles schien unmöglich bis wir in einem Buch lasen: „Die innere Einstellung, dass Menschen etwas ganz Besonderes sind, ist der rote Knopf auf den wir drücken, wenn der Alarm bei uns anfängt zu blinken und die Panik ausbricht". „Kinder", schrieb der Autor, „dürfen nicht nur bei uns wohnen, sondern auch leben!" (Max Lucado: Ruhe im Sturm. Ein stressiger Tag im Leben Jesu. Holzgerlingen: Hänssler 2004.)

Auch die Bibelgeschichte in Matthäus 14, in der Jesus mehr als fünftausend Menschen mit nur fünf Broten und zwei Fischen satt bekommte – und noch Essen übrig bleibt – hat uns Mut gemacht Gott zu vertrauen, dass er viel mehr mit unserer Zeit und Kraft tun kann als wir uns vorstellen können.

Immerhin: Als bei Jesus alles drüber und drunter ging, blieb er ruhig. Er stellte sich einfach dem, was gerade dran war und blieb im Gespräch mit seinem himmlischen Vater. Störungen, Unterbrechungen oder Unerwartetes haben ihn nie aus der Bahn geworfen. Menschen waren für ihn nie ein Störfaktor oder ein Grund zum Stöhnen, sondern etwas ganz Besonderes – das Wichtigste im Leben. Jesus wusste auch, dass wenn Gott ihm noch mehr Verantwortung anvertraute, er auch entsprechend mehr übernatürliche Hilfe von Ihm bekommen würde. Diese Einstellung wollten wir. Und auch wir wollten mit Gottes übernatürlicher Kraft rechnen!

Auf einmal löste sich bei uns der Knoten – wir waren entspannt, aber auch gespannt, wie Gott das Unmögliche in unserer Familie möglich machen würde. Wir hatten im Handumdrehen Lust und Eifer und haben wieder einmal erlebt: „Wenn die Hölle bei uns los ist, ist der Himmel ganz nah!" Wie gut, dass Jesus uns in Hebräer 13,5 verspricht: „Niemals werde ich dir meine Hilfe entziehen, nie dich im Stich lassen!" Das gilt auch heute noch, wo unsere Familie innerhalb von zweieinhalb Jahren um vier Enkel größer geworden ist und es noch öfters „drunter und drüber" geht.

Denkmäler für unsere Nachkommen

Wenn euch eure Kinder später einmal fragen,
was diese Steine bedeuten, dann erklärt ihnen:
„Als man hier die Bundeslade hindurch trug,
staute sich das Wasser des Jordan,
und wir konnten durch das Flussbett ziehen.
Daran soll dieses Denkmal die Israeliten
zu allen Zeiten erinnern."
Josua 4,6-7

Es gibt viele Geschichten in der Bibel, die uns sehr nachdenklich machen. So auch diese Geschichte in Josua 4. Die Israeliten hatten ihren Gott erlebt als einen Gott, der große Wunder tut und diese machtvollen Taten Gottes sollten sie niemals vergessen, auch nicht ihre Kinder und Kindeskinder. Deswegen hatte Gott Josua Anweisungen gegeben, Steine aus dem Fluss zu sammeln als Erinnerung an das Wunder, das die Israeliten bei der Überquerung des Jordans erlebt hatten.

Steine als Erinnerungszeichen – eine geniale Idee, gerade weil wir Menschen so vergesslich sind. Als wir diese Geschichte gelesen haben, gingen wir in Gedanken durch all unsere Zimmer, über die Terrasse und durch unseren Garten. Wir fragten uns, welche Symbole und welche Erinnerungszeichen besitzen wir, die auf Gott und sein Wirken in unserem Leben hinweisen?

Wir haben viele Souvenirs aus fremden Ländern über die Jahre gesammelt. Gegenstände, die uns an wunderschöne Reisen und Dienste erinnern und unsere Zimmer schmücken. Aber wie viele Erinnerungsstücke haben wir gesammelt, die uns und unsere Nachkommen an Gottes Wirken in unserem Leben erinnern? Was sind die Dinge in unserem Haus, die neugierig und fragend machen in Bezug auf Gott?

Wir zählten ein bronzenes Kreuz an der Wohnzimmerwand, eine Küchentafel, auf die wir regelmäßig verschiedene uns wichtig gewordenen Gedanken schreiben, eine Menge christlicher Bücher und Zeitschriften aber nur wenige Gegenstände, die an die Führung, Hilfe oder Freundlichkeit Gottes in unserem Leben erinnern. Vielleicht noch die von uns geschriebenen Bücher, worin wir festgehalten haben, was wir mit Gott im Alltag erlebt haben. Aber wer legt schon seine eigenen Bücher im Wohnzimmer als Denkmäler aus!?

Früher haben unsere Großeltern ihre Wände und Gemeindehäuser mit Wandtafeln aus Holz geschmückt, worauf Bibelverse geschnitzt waren. Heutzutage sind Wand-Tattoos mit Sprüchen oder Symbolen wieder modern. Im Internet gibt es Wand-Tattoos mit unzähligen Sprüchen in jeder Schriftart – alles, was das Herz begehrt: weise, lustige, kurze, englische, familiäre, musikalische, florale, weibliche, tierische, sportliche und noch viele mehr – ob fürs Schlafzimmer, Wohnzimmer oder Büro. Es gibt sogar spirituelle Sprüche, Symbole und Meditationshilfen als Wand-Tattoos, die laut Internetwerbung in unseren Räumen ein sehr edles und niveauvolles Ambiente bringen.

Die Motive zu den Weisheits- und spirituellen Sprüchen reichen von Om-Zeichen, Chakren-Symbol oder Buddhas über Mantras, Kornkreise, Engel, Yin & Yang oder Zen- und Reiki-Schriftzügen bis hin zu Endlosknoten, Blumen des Lebens, Mandalas und Yantra-Diagramme. Ganz zum Schluss kommt noch ein Spruch aus der Bibel in Englisch, Psalm 46,11: „Be still and know that I am God!" („Seid stille und erkennt, dass ich Gott bin!") Das ist das einzige Angebot auf der ganzen Liste dieses Internetshops, welches auf den Gott der Bibel hinweist. Dieser Psalmvers hat noch einen zweiten Teil: „Ich will der Höchste sein unter den Heiden, der Höchste auf Erden!" Aber leider wird Gott nicht

Seid stille und erkennet,
dass ich Gott bin!
Ich will
der Höchste sein unter den Heiden,
der Höchste auf Erden.

Psalm 46,11

mehr als „Höchster" in unserer Gesellschaft wahrgenommen. So groß und mächtig und gut er auch ist, er ist nicht mehr im Bewusstsein vieler Menschen.

Hier sind Christen gefordert. Wir sind gefragt unsere Kinder und Enkel auf Gott und seine Wirklichkeit aufmerksam zu machen. Die biblische Geschichte in Josua 4 hat uns persönlich Mut gemacht, das Wand-Tattoo aus dem Internet mit Psalm 46,11 zu kaufen und an unserer Esszimmerwand zu kleben. Ein wunderbarer Bibelvers als Erinnerungszeichen an dem, der wirklich helfen, trösten, heilen und retten kann. Ein Denkmal und Konversationsstück für jeden, der unser Haus betritt – nicht nur unsere Enkel.

Alleine groß sein

Das Beste ist es doch, wenn wir alles wie von alleine und so schnell wie möglich erreichen. Das fängt schon in jungen Jahren an und hört auch im hohen Alter nicht auf. Da sagt unsere 3-jährige Enkelin: „Ich kann mich schon alleine anziehen!", während sie stolz wie Oskar an uns vorbeimarschiert, obwohl sie ihre Hose linksherum und ihr Shirt rückwärts trägt. Und dann besteht sie auch noch darauf, ihre Schnabeltasse selbst nachzufüllen, obwohl sie den Verschluss der 1,5 Liter-Flasche Apfelschorle noch nicht einmal abschrauben kann. Unsere Hilfe wird selbstverständlich und selbstbewusst abgelehnt.

Aber nicht nur die „Kleinen" wollen alleine groß sein. Auch die „Großen" versuchen das immer wieder. Auch Großeltern! Wir arbeiten doch so hart daran, alles richtig zu machen, ob es um das Essen und Süßigkeiten oder um das Spielen und Schlafengehen geht. Und weil die gemeinsame Zeit auch eine gewisse Qualität haben soll, geben wir alles, bis wir müde und matt sind.

Es gibt immer wieder Zeiten, in denen die Grenzen unserer Endlichkeit unsere besten Absichten, tiefste Hingabe, tollsten Fähigkeiten, unsere kurzen Nächte und unser Ziel alleine groß zu sein, doch übermannen. In unserer Sehnsucht etwas tun zu können, das „ankommt", jagen wir nach so vielen Dingen. Dabei gibt es nur eine wahre Sehnsucht, die zur Ruhe und Erfüllung führt: Wir müssen immer wieder unsere Lasten Jesus abgeben und ihm vertrauen, dass er uns versorgen kann und will.

Aber genau das fällt uns Menschen oft so schwer. Zum Beispiel: Warum legen Sie dieses Buch nicht gerade jetzt zur Seite und sagen Jesus, was Sie belastet – auch in ihrer Rolle als Oma oder Opa. Gott ist zu uns in seinem Sohn Jesus

Christus gekommen, damit wir ihn immer wieder neu erleben und selber neu belebt werden können. Jesus sagt in Matthäus 11,28-30: „Kommt alle zu mir, ich will euch die Last abnehmen. Ich quäle euch nicht und sehe auf niemanden herab. Stellt euch unter meine Leitung und lernt bei mir, dann findet euer Leben Erfüllung. Was ich anordne, ist gut für euch und was ich euch zu tragen gebe, ist keine Last."

Erfüllung und Ruhe finden, das klingt so schön, besonders in einer Kultur, die sich dem Erfolg verschrieben hat und die Zeit der Ruhe gegen Freizeitaktivitäten ausgetauscht hat. Aber wir dürfen uns nicht täuschen lassen. Der „Jesus-Weg" ist keine Fluchtmöglichkeit. Es gibt einen Unterschied zwischen Nichtstun und Sichausruhen, zwischen Belastetsein und Lastentragen. Außerdem gibt es viele Dinge auf dieser Erde, denen wir versucht sind nachzujagen um Erfüllung zu finden, die uns aber leer ausgehen lassen.

Jesus hingegen verspricht jedem, der unter seiner Führung lebt, seine stärkende, nährende, wiederbelebende Ruhe. Eine Ruhe, die uns die Kraft gibt für jeden neuen Tag. Für jede neue Lebensphase. Wir müssen nicht alleine groß sein – auch nicht als Großeltern.

Zum Nachdenken
„Man sollte auch an Wochentagen
ein paar Augenblicke
Sonntag sein lassen!"
Unbekannt

Was wir von vorbildlichen Großeltern lernen können

1. Einfach da sein

Forschungen zeigen, dass die Gegenwart von Großeltern einen positiven Einfluss auf das Wohlbefinden, die Entwicklung und auf die emotionale Stabilität eines Kindes hat.

2. Selbstlose Hingabe

Vorbildliche Großeltern entwickeln eine selbstlose Einstellung gegenüber den Bedürfnissen von ihren Kindern und Enkeln.

3. Empathie

Empathische, d.h. einfühlsame Großeltern leben nach dem Motto: Ich will niemanden verletzen! Diese Grundeinstellung ist für sie ein Leitfaden, der ihnen zeigt, wie sie sich in den meisten Situationen verhalten sollen. Sie überlegen, was ihre Worte und Taten auslösen könnten, ehe sie reden oder handeln. Und wenn ihre Enkel leiden, leiden sie mit.

4. Ausgewogenes Temperament

Unser Temperament ist eine psychologische Tendenz zu reagieren, z.B. optimistisch oder pessimistisch, introvertiert oder extrovertiert, aktiv oder passiv ...

Großeltern können aufgeschlossene und kontaktfreudige Menschen sein, die mit Begeisterung reagieren. Sie können auch zurückhaltend sein, sich entweder leise involvieren oder abseits bleiben. Sie können stark und energisch die Rolle des Familienoberhauptes übernehmen. Großeltern mit emotionalen und sozialen Fähigkeiten können die „Seele der Familie" sein.

Vorbildliche Großeltern haben Eigenschaften, die gute zwischenmenschliche Beziehungen fördern und fordern. Sie können gut zuhören, sind geduldig, verständnisvoll und aufmerksam. Sie haben die Fähigkeit zu lieben und sie entscheiden sich auch dafür, bedingungslos zu lieben.

5. Lebensfreude

Großeltern mit Freude im Leben und an Menschen bringen auch Lebensfreude, Begeisterung und Neugier in das Leben ihrer Enkel. Diese Eigenschaft fördert eine Wechselwirkung: Großeltern und Enkel laden gegenseitig ihre Batterien auf.

6. Verfügbarkeit

Vorbildliche Großeltern sind anpassungsfähig und organisieren sich so, dass sie für ihre Kinder und Enkel da sind, wenn sie gebraucht werden – und wenn möglich auch so lange wie sie gebraucht werden.

7. Persönliche Erfahrungen und Grundwerte

Vorbildliche Großeltern sind gute Vermittler von guten Traditionen und Grundwerten. Sie können klare Grenzen setzen, richtiges Verhalten belohnen und schlechtes Verhalten tadeln. Sie wissen, dass die Basis für das Denken und Verhalten ihrer Enkel durch ihr Miteinander und ihre Verhaltensweise geprägt wird. Wenn Kinder und Enkel sehen, dass sie zu dem stehen, was sie sagen, haben sie eine natürliche Autorität.

8. Bereitschaft

Vorbildlich Großeltern können sich seelisch und zeitlich auf ihre Enkelkinder einstellen – auch wenn sie unerwartet in ihren Alltag hineinplatzen. Sie machen „Platz" für sie.

9. Beharrlichkeit

Vorbildliche Großeltern sind kreativ, gerade wenn es darum geht, Zeit mit ihren Enkeln zu verbringen – auch wenn sie weit weg wohnen. Sie bleiben verbindlich und haben das Ziel, ihre Familie zu unterstützen und zu stärken.

10. Positive Eltern-Großeltern Beziehung

Vorbildliche Großeltern haben in der Regel ein gutes Verhältnis zu allen Familienmitgliedern. Und wenn ein Problem auftaucht, können sie es schnell erfassen und lösen. Sie unterstützen ihre Kinder, halten sich zurück mit unnötiger Kritik und respektieren familiäre Grenzen. Enkelkinder sind ihnen dafür dankbar, weil es sie nicht in ein Loyalitätskonflikt bringt.

Gute Großeltern sein – das ist eine Beschäftigung, die langfristig gute Früchte trägt!

„Wenn wir uns alle
um alle gesellschaftlichen Probleme kümmern
und die grundlegende Einheit der Familie
vergessen, ist das als ob man
auf der Titantic Liegestühle
in Ordnung brächte!"

Wilfried Schulte
(Jahrgang 1955)
ist Direktor des Missions-
und Bildungswerk Neues
Leben e.V.
Neben der Verantwortung
für die Entwicklung der
Neues Leben Arbeits-
bereiche Evangelisation,
Bildung, Medien, Ferien
und Diakonie ist er als
Verkündiger und Fern-
sehmoderator tätig.

Doris Schulte
(Jahrgang 1956),
geboren und aufgewach-
sen in Kanada, arbeitet
beim Missions- und Bil-
dungswerk Neues Leben
e.V. als Evangelistin und
Referentin für Frühstücks-
treffen, Seminare und
Freizeiten. Sie ist Buch-
autorin und in verschiedenen TV-Sendereihen bei
Bibel TV zusehen.

Wilfried und Doris Schulte wohnen im Westerwald,
sind seit 1975 verheiratet, haben zwei Söhne und vier Enkel.